Friedrich Geiger und Helmut Sauter (Hrsg.)

BAUSTEINE DES UNTERRICHTS

Werner Gratzer

LITERARISCHE TEXTE BEIM „QUALI" –

Schülerarbeitsbuch

Vorbereitungshilfen · Texte und Arbeitsaufträge · Musterlösung

LA Verlag Ludwig Auer Donauwörth

Gedruckt auf umweltbewußt gefertigtem, chlorfrei gebleichtem
und alterungsbeständigem Papier.

1. Auflage. 1993
© by Ludwig Auer GmbH, Donauwörth. 1993
Alle Rechte vorbehalten
Gesamtherstellung: Ludwig Auer GmbH, Donauwörth
ISBN 3-403-02354-0

Inhalt

Vorwort an Schüler

Hallo,

bist Du in der 8. oder in der 9. Klasse? Egal – dieses Buch kann Dir bei der Vorbereitung auf den Qualifizierenden Abschluß im Fach Deutsch helfen.

Nicht, was das Diktat anbetrifft, aber den anderen schriftlichen Teil, das sogenannte textgebundene Schreiben. Du wirst in der Prüfung ja aus zwei Texten, an die jeweils Arbeitsaufträge angeschlossen sind, einen auswählen. Darunter kann auch ein sog. "literarischer" Text sein. Das ist häufig eine Kurzgeschichte; es kann sich dabei aber z.B. auch um einen Brief, einen Romanausschnitt, eine Anekdote, eine Fabel, eine Satire oder um ein Gedicht handeln. Dieses Buch hilft Dir bei der Vorbereitung auf die Prüfung und bei der Prüfung selbst.

Vielleicht hast Du auch Fragen, wie Du sie in den Sprechblasen siehst. Einige Antworten darauf findest Du auf den folgenden Seiten. Die nachfolgenden Texte mit den jeweiligen Arbeitsaufträgen kannst Du zusammen mit Deinem Lehrer oder auch ohne ihn, mit einem Lernpartner oder alleine, oder auch in der Gruppe bearbeiten.

Übrigens: Die drei abgebildeten Schüler begleiten Dich durch das Buch.

Und noch etwas: **Viel Spaß beim Arbeiten und viel Erfolg in der Prüfung!**

Vorwort an Lehrer

Die Besondere Leistungsfeststellung zum Erwerb des Qualifizierenden Hauptschulabschlusses im Fach Deutsch bietet seit dem Schuljahr 91/92 auch einen "literarischen" Text an. Zwar wählt die schulhausinterne Feststellungskommission weiterhin aus den drei angebotenen Aufgaben zwei aus, von denen der Schüler dann **eine** beantwortet, darunter kann sich aber jetzt auch ein literarischer Text befinden. Dieser Tatsache hat der Lehrer in der 8. und 9. Jahrgangsstufe in seinem Unterricht natürlich Rechnung zu tragen.

Der vorliegende Band wendet sich zunächst einmal an die Schüler dieser beiden Jahrgangsstufen und gliedert sich in zwei größere Teile:

- Vorbereitungshilfen und Musterlösungen

- 16 Texte mit Arbeitsaufträgen und Punkteverteilung

Der Autor empfiehlt dem Lehrer, auch, ja besonders, den ersten Teil zusammen mit den Schülern durchzuarbeiten, mit eigenen Beispielen anzureichern und zu konkretisieren. Dieser erste Teil sollte nicht nur einmal durchgearbeitet werden, sondern immer wieder zu Rate gezogen werden, wenn es um die Bearbeitung von Textaufgaben bzw. textgebundenen Schreiben geht.

Die Texte lassen sich natürlich zur Übung im Unterricht genauso einsetzen wie zur häuslichen Bearbeitung bzw. zur Leistungsfeststellung und Leistungsbeurteilung.

Es ist daher empfehlenswert, wenn jeder Schüler zu Beginn des 8. Jahrgangs seinen eigenen Band besitzt, in dem und mit dem er, und nur er, arbeiten kann.

Es darf darauf hingewiesen werden, daß zur Thematik **Textaufgabe/textgebundenes Schreiben** im selben Verlag in der Reihe 'BAUSTEINE DES UNTERRICHTS' bereits drei Bände erschienen sind, zu denen der vorliegende Band die sinnvolle und notwendige Ergänzung darstellt.

> ### W. Gratzer: Die Textaufgabe im Deutschunterricht der Hauptschule
> ### AUER, Best.-Nr. 1823

- Textaufgabe und Lehrplan
- Vorteile und Probleme
- Einführung der Textaufgabe
- Textauswahlkriterien
- Hauptaufgabengruppe
- Gesichtspunkte der Bewertung
- Unterrichtssequenzen

> ### W. Gratzer: Textgebundenes Schreiben als neue Arbeits- und Prüfungsform – Schülerheft
> ### AUER, Best.-Nr. 1855

- 45 Texte mit Arbeitsaufträgen und Bepunktungsvorschlägen (Sach- und Gebrauchstexte)

> ### W. Gratzer: Textaufgabe und textgebundenes Schreiben – KORRIGIEREN UND BEWERTEN
> ### AUER, Best.-Nr. 1931

- Korrekturhinweise und Bewertungshilfen
- Korrekturbeispiele
- Prüfungsaufgaben
- Musterlösungen

1. So sieht der "Quali" in Deutsch aus!

1.1 Wie entsteht die Note?

JFG = Jahresfortgangsnote (alle Leistungen im Deutschunterricht während des 9. Schuljahres)

PN (DIK) = Prüfungsnote im Diktat bei der Leistungsfeststellung

PN(TX) = Prüfungsnote im Textgebundenen Schreiben bei der Leistungsfeststellung

Die Prüfungsnote bei der **Leistungsfeststellung** wird folgendermaßen berechnet:

$$\frac{PN(DIK) + (PN(TX) \cdot 2)}{3}$$

Also, z.B: Diktat: 2   = 2

TX   : 3(·2) = 6

$\overline{8} : 3$ = 2,66 ---> 3 PN

z.B.: Diktat: 4   = 4

TX   : 2(·2) = 4

$\overline{8} : 3$ = 2,66 ---> 3 PN

Die **Gesamtprüfungsnote** in Deutsch wird folgendermaßen berechnet:

$$\frac{JFG + PN}{2}$$

Also, z.B.: JFG: 3

PN : 4

$\overline{7} : 2 = 3,5$ ---> 3

z.B.: JFG: 4

PN : 3

$\overline{7} : 2 = 3,5$ ---> 3

1.2 Deine Lehrer bekommen Hinweise für die Korrektur und Bewertung der Aufgaben

So sehen sie aus:

---

1. Hinweise für den schriftlichen Sprachgebrauch

Themenwahl und Hilfsmittel
Die Feststellungskommission wählt aus den drei angebotenen Aufgaben zwei aus, von denen der Schüler eine Aufgabe bearbeitet. Für die Ausarbeitung ist dem Schüler die Verwendung eines rechtschriftlichen Wörterbuches erlaubt.

Korrektur
Die Arbeiten sind mit Korrekturzeichen zu versehen, damit ein Überblick über Sinn-, Ausdrucks-, Grammatik- und Rechtschreibfehler möglich ist. Die Zweitkorrektur muß als solche ersichtlich und nachvollziehbar sein.

Bewertung
a) Die Aufgaben zum textgebundenen Schreiben werden bewertet nach
  – ihren inhaltlichen Aussagen (Gedankenreichtum, sachliche Richtigkeit, sinnvoller Aufbau, ...) und
  – ihrer sprachlichen Gestaltung (sprachliche Richtigkeit, Angemessenheit der sprachlichen Form, Gewandtheit des Ausdrucks, ...).

Die Gewichtung dieser beiden Kriterien ist in der Regel gleich; bei einzelnen Arbeitsaufträgen sind Abweichungen möglich. Bei fehlenden bzw. falschen inhaltlichen Aussagen können auch für die sprachliche Gestaltung keine Punkte vergeben werden.

b) Halbe Punkte können vergeben werden.

c) Die Rechtschreibung und die äußere Form sind bei der Bewertung von Leistungen im textgebundenen Schreiben zu würdigen. Für mangelhafte Rechtschreibleistung und eine schlechte äußere Form ist ein Abzug von insgesamt bis zu drei Punkten von der erreichten Gesamtpunktzahl möglich. Die Entscheidung liegt in der pädagogischen Verantwortung der Korrektoren.

d) Verbindlicher Bewertungsschlüssel

28	– 25 Punkte	Note 1
24 1/2	– 20 Punkte	Note 2
19 1/2	– 15 Punkte	Note 3
14 1/2	– 10 Punkte	Note 4
9 1/2	– 5 Punkte	Note 5
4 1/2	– 0 Punkte	Note 6

2. Hinweis zur Bildung der Gesamtnote im Fach Deutsch

Die erzielte Note im Rechtschreiben wird einfach gewertet, die Note für das textgebundene Schreiben zählt zweifach. Aus beiden Prüfungsteilen ist eine ganze Note zu bilden.

Bei den Hinweisen zum schriftlichen Sprachgebrauch ist besonders wichtig für **Dich**:

Korrektur

Sinnfehler

Beispiele:

- Du hast den Arbeitsauftrag nicht genau gelesen und am 'Thema' vorbeigeschrieben.
- Du vollziehst unlogische Gedankensprünge.
- Du verwendest unpassende Argumente.
- Du ziehst falsche Schlußfolgerungen.

Ausdrucksfehler

Beispiele:

- Du beginnst Deine Sätze immer gleich.
- Du verwendest wenig ausdrucksstarke Wörter (Haupt-, Zeit-, Eigenschaftswörter).
- Du wiederholst immer wieder die gleichen Wendungen.
- Du erklärst etwas mit den falschen Begriffen.

Grammatikfehler

Beispiele:

- Du stellst falsche Beziehungen in Nebensätzen her.
- Du verwechselst den 3. und 4. Fall.
- Du verwendest die falsche Zeit und wechselst sie ohne Grund.

Rechtschreibfehler

... die kennst Du doch, oder? ...

Bewertung

Dein Lehrer bewertet nach

i n h a l t l i c h e n Aussagen und nach s p r a c h l i c h e r Gestaltung.

Was heißt das?

Zunächst einmal überprüft Dein Lehrer, ob das, was Du geschrieben hast, stimmt:

- Stimmen die Argumente?
- Passen die Aussagen zum Arbeitsauftrag?
- Ist die Antwort vollständig?
- Ist die Antwort sinnvoll aufgebaut?

Es kommt also darauf an, **w a s** du schreibst!

Der Korrigierende bewertet Deine Leistung aber natürlich auch danach, wie Dir die sprachliche Ausgestaltung gelungen ist:

– Stimmt der Satzbau?

– Ist der Satzbau abwechslungsreich?

– Werden anschauliche Wörter verwendet?

– Sind die Satzanschlüsse ideenreich?

Es kommt also darauf an, **w i e** du schreibst!

Und noch etwas solltest Du nicht übersehen. Von den insgesamt 28 Punkten können Dir bis zu 3 Punkte abgezogen werden. Warum das – wofür?

Dein Lehrer wird sich nach der gesamten Korrektur Deine Arbeit noch einmal genau ansehen:

– Wie ist die Schrift?

– Wird chaotisch durchgestrichen?

– Wird der Rand eingehalten?

– Halten sich die Rechtschreibfehler in Grenzen?

Es kommt also darauf an, wie die **ä u ß e r e   F o r m** gelungen ist!

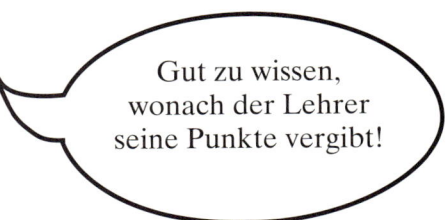

Gut zu wissen, wonach der Lehrer seine Punkte vergibt!

2. Was kannst Du schon *vor* der Prüfung beachten?

2.1 Die Bedeutung der Zusatzanweisungen kennen

Im Laufe der 8. und 9. Jahrgangsstufe hattest Du sicher schon einige Textaufgaben bzw. das eine oder andere textgebundene Schreiben zu bearbeiten.

Die Arbeitsaufträge spielen eine ganz entscheidende Rolle. Du solltest auch besonders die **Zusatzanweisungen** nicht überlesen.

Beispiele:

"Antworte in Stichpunkten"

Hier ist es nicht nötig, zusammenhängend in ganzen Sätzen zu schreiben. Du verlierst Zeit und bekommst natürlich keine "Extrapunkte".

"Der Text hilft Dir dabei"

Du solltest den Text nicht weglegen und zu schreiben beginnen. Im Text sind Hilfen, Hinweise! Lies die entsprechenden Textstellen noch einmal, unterstreiche sie evtl.

"Begründe Deinen Standpunkt"

Es genügt nicht, Deine Meinung aufzuschreiben, Gedanken aneinanderzureihen. Hier mußt Du Deine Behauptungen auch begründen, also geeignete Beispiele dazu finden, den Leser davon überzeugen, daß das, was Du meinst, auch richtig und wichtig ist. Manchmal kann man den eigenen Standpunkt auch untermauern, indem man mögliche Gegenargumente entkräftet und nachweist, daß sie entweder nicht stimmen oder aber schwächer sind als die eigenen.

"Notiere 3 Ursachen ..."

Vorsicht! Wenn Du weniger findest verlierst Du Punkte – das ist klar. Aber wenn Du mehr, also z.B. 4 oder gar 5 findest, kannst Du keine Zusatzpunkte bekommen – im Gegenteil: Wenn nämlich dann eine Ursache falsch bzw. unpassend ist, muß Dir Dein Lehrer sogar Punkte abziehen, z.B.:

3 Ursachen gefunden und sprachlich einwandfrei:	6 P
2 Ursachen gefunden und sprachlich einwandfrei:	4 P
5 Ursachen gefunden und sprachlich einwandfrei:	6 P!
4 Ursachen gefunden – 1 davon falsch:	4 P!

"Umfang: ca. 1 Seite!"

Du solltest beachten, daß es heißt: "ca.". Ein paar Worte oder wenige Zeilen hin oder her ... kein Problem. Außerdem weiß Dein Lehrer, daß manche sehr groß, manche ganz klein schreiben. Das mußt Du beachten! Besonders für die "Großschreiber" gilt natürlich, daß sie wesentlich mehr als 1 Seite schreiben müssen, um die volle Punktzahl erreichen zu können.

Grundsätzlich gilt:

Wer wesentlich weniger schreibt als den vorgeschriebenen Umfang: Punktabzug!

Wer wesentlich mehr schreibt als den vorgeschriebenen Umfang: Punktabzug!

2.2 Typische Arbeitsweisen trainieren

Einige Arbeitsaufträge tauchen in ähnlicher Form immer wieder auf. Auch bei der Arbeit mit literarischen Texten, also z.B. bei einer Kurzgeschichte mußt Du einige Arbeitsweisen vertiefen, bevor Du die Prüfung machst!

Hier sind die 10 wichtigsten:

1. *Bestimmte Textstellen finden und zitieren*
2. *Im Text vorkommende Ausdrücke erklären, umschreiben, erläutern*
3. *Einige typische Sprachmittel finden und erklären, z.B. Vergleiche, Redewendungen, Wiederholungen, Bilder (siehe 4)*
4. *Die Absicht eines Textes erkennen und mit seiner Wirkung auf Dich vergleichen*
5. *Zwei Texte gegenüberstellen und vergleichen*
6. *Abschnitte zu einer Kernaussage zusammenfassen*
7. *Einen Text zu einer Überschrift oder zu seiner wichtigsten Aussage zusammenfassen*
8. *Eine Geschichte verändern, z.B.:*
   – eine Vorgeschichte erfinden
   – einen anderen Schluß schreiben
   – eine Person ersetzen
   – aus der Sicht eines anderen Beteiligten erzählen
9. *Zu einer Aussage/Behauptung Stellung beziehen und seine Meinung begründen*
10. *An jemanden (Schüler, Eltern, Öffentlichkeit ...) schreiben und ihn unterhalten, informieren bzw. überzeugen.*

Ich kann ja *vor* der Prüfung schon eine ganze Menge üben!

2.3 Fragen an den Text stellen

Bevor Du Dich mit einem Text genauer auseinandersetzt, solltest Du ihn "befragen"; das kann man lernen und systematisch üben. Besonders gut kann dies bei literarischen Texten gelingen, wie Du sie in diesem Buch findest.

W E R ist der Autor?
W E L C H E   A B S I C H T erzielt der Autor?

- Habe ich schon etwas von ihm gelesen?
- Ist der Autor unbekannt – wenn ja – hat dies einen Grund?
- Weiß ich etwas vom Leben des Autors?
- Was will der Autor erreichen; möchte er z.B. unterhalten, informieren, wachrütteln, herausfordern, beruhigen, ...

W A S schreibt der Autor?
W E L C H E   F O R M wählt der Autor?

- Welchen Inhalt hat der Text?
- Welche Kernaussage gibt es?
- Welche Sprachmittel setzt der Autor ein, um etwas zu erreichen, z.B.:
    - welche Wörter wählt er?
    - welchen Satzbau bevorzugt er?
    - welche Satzarten werden hauptsächlich benutzt (Aussage-, Frage-, Aufforderungssätze)?
    - wie verbindet er die Sätze?
    - verwendet er bildhafte Wendungen – und wenn ja – warum?
    - gibt es andere besondere sprachliche Auffälligkeiten?

W E M will der Autor etwas sagen?
W E L C H E   W I R K U N G wird erzielt?

- Hat der Autor eine bestimmte Lesergruppe im Auge, z.B. Kinder, Jugendliche, alte Menschen, Frauen, ...?
- Wie wirkt der Text auf Dich:
    - Du bist nachdenklich
    - Du bist traurig
    - Du bist begeistert
    - Du stimmst zu
    - Du lehnst ab
    - Du bist verärgert usw.

Noch einmal:

Befrage den Text, bevor Du einzelne Arbeitsaufträge beantwortest:

WER SCHREIBT

MIT **WELCHER** ABSICHT

WAS

IN **WELCHER** FORM

WEM

MIT WELCHER **WIRKUNG**?

3. Was solltest Du *bei* der Prüfung beachten?

3.1 Die Zeit gut einteilen

Du hast 150 Minuten Zeit – 2 1/2 Stunden; das ist viel und auch wieder nicht. Wenn Du es Dir angewöhnt hast, vorher aufzusetzen, muß Du Dir die zur Verfügung stehende Zeit gut einteilen. Beginne nicht zu spät mit dem Eintrag.

Nutze die Zeit aus. Wenn Du fertig bist, lies alles noch einmal durch; jetzt kannst Du das rechtschriftliche Wörterbuch gut einsetzen.

3.2 Die richtige Auswahl treffen

Die Lehrer der 9. Jahrgangsstufe haben schon eine Vorauswahl getroffen. Du mußt Dich nun zwischen 2 Texten entscheiden.

- Laß Dir Zeit!
- Lies beide Texte durch!
- Lies die jeweils dazugehörenden Arbeitsaufträge durch!
- Entscheide Dich erst dann!

Falsch:	Ich nehme den kürzeren Text!
Falsch:	Ich wähle den Text mit den wenigeren Arbeitsaufträgen!
Richtig:	Literarische Texte liegen mir mehr als Sachtexte ...
	oder
	Sachtexte liegen mir mehr als literarische Texte ...
Richtig:	Einen Text mit ähnlichen Inhalt haben wir schon einmal bearbeitet ...
Richtig:	Der Text spricht mich an; er gefällt mir; er interessiert mich ...
Richtig:	Zu dem Anliegen, dem Problem, das der Text anspricht, kann ich etwas sagen ...

Richtig: Die Arbeitsaufträge, deren Beantwortung mit höherer Punktzahl "belohnt" wird, kann ich gut bearbeiten

Richtig: Den Text mit den Arbeitsaufträgen, denen ich gern aus dem Weg gehe, wähle ich nicht

Also – vorher nachdenken
– den Text befragen
– 6 x W
– Zeit einteilen
– den richtigen Text auswählen!

3.3 Die Hinweise auf dem Deckblatt ernst nehmen

Auf dem Deckblatt zum schriftlichen Sprachgebrauch (textgebundenes Schreiben) findest Du ein paar Bearbeitungshinweise; Du solltest sie beachten und ernst nehmen.

---

1) *Lies die Texte und die Arbeitsaufträge aufmerksam durch!*

2) *Wähle **eine** Aufgabe aus, die Du dann bearbeitest!*

3) *Bearbeite die Arbeitsaufträge möglichst in der angegebenen Reihenfolge!*

4) *Schreibe grundsätzlich in ganzen Sätzen, außer in den Arbeitsaufträgen wird etwas anderes verlangt!*

5) *Achte auf eine saubere äußere Form und auf die Rechtschreibung!*

---

zu 1) und 2)

Lies die Texte und die Arbeitsaufträge aufmerksam durch!

Wähle eine Aufgabe aus, die Du dann bearbeitest!

Dazu hast Du vorhin, bei Punkt 3.2 schon einiges gelesen. Es darf Dir nicht passieren, daß Du Dich für den falschen, also den von den Lehrern **nicht** (!) ausgewählten Text entscheidest. Lege nach Deiner Entscheidung Text und Arbeitsaufträge nebeneinander, so kannst du immer vergleichen. Übrigens sind alle Texte mit einer Zeilennummerierung versehen; das kann Dir helfen. Wenn Du es für nötig hältst, kannst Du im Text auch Markierungen vornehmen (anstreichen, unterstreichen, Ausrufezeichen an den Rand, farbig herausheben, Ziffern an den Rand, Pfeile ...).

zu 3)

Bearbeite die Arbeitsaufträge möglichst in der gegebenen Reihenfolge!

Du solltest ein Wort nicht überlesen: "möglichst". Dies ist eine Empfehlung, ein Ratschlag. Du könntest theoretisch auch z.B. mit dem letzten Arbeitsauftrag beginnen. Aber ratsam ist das nicht, denn die Arbeitsaufträge sind logisch aneinandergereiht. Normalerweise mußt Du zuerst Antworten auf Fragen finden, die sich mit dem Text auseinandersetzen; d.h. Du arbeitest eng mit dem Text und lernst ihn dadurch besser kennen. Es kann auch vorkommen, daß Du eine Frage leichter beantworten kannst, wenn Du die vorausgehenden gründlich bearbeitet hast.

zu 4)

Schreibe grundsätzlich in ganzen Sätzen, außer in den Arbeitsaufträgen wird etwas anderes verlangt!

Wenn Du diesen Bearbeitungshinweis nicht beachtest, so kann Dich das einige Punkte kosten. Es steht also nicht hinter jedem Arbeitsauftrag der Hinweis, daß Du in zusammenhängenden Sätzen schreiben sollst. Dies ist immer (!) gefordert. Wenn Du nur in Stichpunkten und Teilsätzen antwortest und keine vollständigen, sinnvollen Sätze notierst, muß Dein Lehrer Dir beim Korrigieren Punkte abziehen. Nur wenn ausdrücklich verlangt wird, daß Du z.B. einen Sachverhalt stichpunktartig herausarbeiten oder z.B. Schlüsselwörter aus dem Text herausschreiben sollst, brauchst Du nicht in zusammenhängenden Sätzen zu schreiben – im Gegenteil! Wenn Du es hier tust, wirst Du wieder Punkte einbüßen, denn es wird ja von Dir verlangt, daß Du zusammenfaßt, raffst, eine "Sache auf den Punkt" bringst, und das ist auch eine eigene Leistung.

zu 5)

Achte auf eine saubere äußere Form und auf die Rechtschreibung!

Lies bitte noch einmal nach bei "BEWERTUNG" (Punkt 1.2).

3.4 Die Arbeitsaufträge genau lesen

Du hast den Satz schon oft gehört: "Lies die Arbeitsaufträge **genau** durch!" Aber – was heißt das – "genau"?

Ein Beispiel:

Verfasse einen Aufruf (1) für eine Schülerzeitung (2), der drei (3) begründete (4) Antworten auf die Frage gibt, warum die Gewalt in der Schule (5) immer mehr zunimmt. (Umfang ca. 1 Seite) (6)

(1) Ein **Aufruf** soll es werden, nicht eine Stellungnahme! Du sollst also Sprachmittel einsetzen, die wachrütteln, herausfordern, zum Lesen anreizen ...

(2) Für eine **Schülerzeitung** schreibst Du, nicht für die Lokalzeitung, nicht für den Lehrer. Du sollst Deine Mitschüler ansprechen, ihr Alter bedenken, ihre Einstellung einschätzen ...

(3) **Drei** Gründe werden erwartet, nicht zwei und nicht vier. Zwei sind zu wenige – Punkteabzug! Vier sind zu viele – keine Zusatzpunkte; Gefahr von Punkteabzug bei ungeeignetem Beispiel!

(4) Die Antworten müssen **begründet** werden, d.h. Behauptungen allein genügen nicht. Du sollst Gründe für die von Dir aufgeführten Ursachen darlegen ...

(5) Es geht um die Gewalt in der **Schule**, nicht um Gewalt in Fußballstadien, auf der Straße. Du sollst also das Thema eingrenzen ...

(6) Der Umfang soll **ca. 1 Seite** betragen, nicht wesentlich mehr und nicht wesentlich weniger. Wenn Du Dich nicht an den verlangten Umfang hältst ...

Ein Fehler, der häufig gemacht wird: das erste Wort des Arbeitsauftrages wird zu flüchtig gelesen.
Es ist ein großer Unterschied,
ob da steht: "Berichte" oder "Beschreibe",
ob da steht: "Zitiere" oder "Fasse zusammen",
ob da steht: "Nimm Stellung" oder "Erzähle".
Das erste Wort, das den Arbeitsauftrag einleitet, ist wichtig; es steuert Deine Antwort!

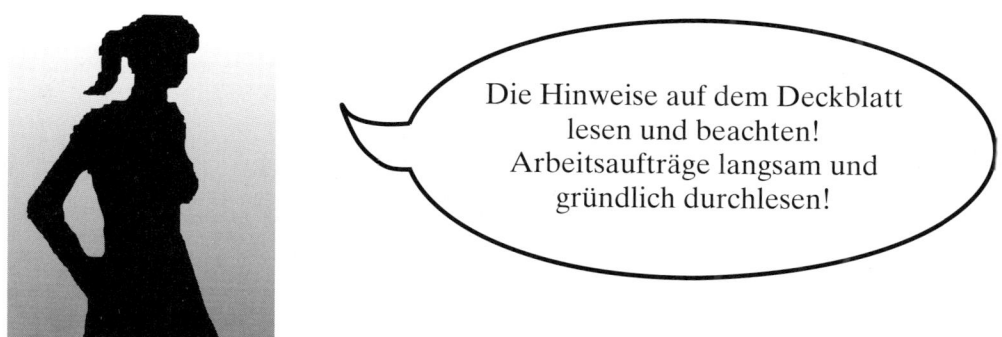

Die Hinweise auf dem Deckblatt lesen und beachten! Arbeitsaufträge langsam und gründlich durchlesen!

4. Begriffe, die Du kennen solltest!
(besonders bei der Beantwortung literarischer Texte)

Was ist eine Kurzgeschichte?
Es wird aus dem Alltag von Menschen erzählt, die meist in einer besonderen Situation sind, häufig in einer Krise. Die Personen überwinden die Krise, aber sie verändern sich dabei. Kurzgeschichten beginnen mitten in einer Handlung, ohne große Einführung; meist wird es dann spannend und um so überraschender, manchmal ganz abrupt, kommt dann der Schluß. Der meist offene Ausgang fordert zum Nachdenken, zum Weiterdenken heraus. Der Autor wählt fast immer eine einfache Sprache, kurze Sätze ohne Ausschmückung, vermeidet oft die wörtliche Rede.

Was ist eine **Anekdote?**

Hierbei geht es immer um ein außergewöhnliches, besonderes Ereignis, das in sehr geraffter, meist sogar zugespitzter Form dargestellt wird. Manchmal stehen im Mittelpunkt auch besondere Aussprüche von einer Persönlichkeit, unabhängig davon, ob wahr oder erfunden. Die Geschichte endet immer mit einer *Pointe*, d.h. mit einer überraschenden Wende, einem Witz oder einer ausgefallenen Aussage.

Was ist eine **Fabel?**

In Fabeln werden Tiere und Pflanzen "menschlich" dargestellt. In diesen Beispielgeschichten fühlen, denken, reden und handeln Tiere und Pflanzen wie Menschen. Häufig stehen zwei sich widersprechende Tiere gegenüber, die ganz unterschiedliche Ansichten vertreten. Der Schluß kommt meist überraschend. Ohne eine Lehre, einen Ratschlag, eine Lebensweisheit kommt eine Fabel nicht aus.

Was ist eine **Satire?**

In Satiren wird meist übertrieben, um auf Fehler, Mißstände, Versäumnisse aufmerksam zu machen. Der Autor kritisiert, spottet auch manchmal, stellt bloß, macht jemand bewußt lächerlich, mit der Absicht, die Menschen bzw. ihre Handlung zu verbessern. Manchmal werden Satiren in Versform, wie Gedichte, geschrieben, manchmal in erzählender Form, z.B. in Romanen, manchmal in Dialogform, z.B. in Sketchen.

Was ist **Lyrik?**

Lyrik ist Dichtung in Versform (Gedichte). Häufig werden Gefühle und Stimmungen ausgedrückt, oft auch über Ereignisse erzählt oder Gedanken geäußert. Typisch sind die Verwendung von sprachlichen Bildern, Verse und der Reim. Es gibt verschiedene Versmaße (regelmäßiger Wechsel der Reime) mit sehr unterschiedlicher Klangwirkung.

Sprachliche Bilder sind ein wichtiges Gestaltungsmittel:

Vergleich: Zwischen zwei Bereichen wird eine Beziehung hergestellt, z.B. "rabenschwarz"

Metapher: Ein Wort wird nicht in seinem eigentlichen Sinn, sondern im übertragenen Sinn verwendet, z.B. "Wüstenschiff" (für Kamel).

Symbol: Ein Symbol weist über sich hinaus auf einen abstrakten Bereich, z.B. "weiße Taube" steht für "Friede".

Stabreim: Aufeinanderfolgende Wörter beginnen mit dem gleichen Anlaut, z.B. "Lustiges Leben lacht laut..."

Anapher: Sätze/Satzteile werden aneinandergereiht und immer durch die gleiche sich wiederholende Wendung eingeleitet,

z.B. "Es ist ein Fehler, zurückzuschauen,

es ist ein Fehler, Schuldige zu suchen,

es ist ein Fehler, die Vergangenheit zu beschwören".

5. Eine Musterlösung – Note 1

Spaghetti für zwei

(Federica de Cesco)

Heinz war bald vierzehn und fühlte sich sehr cool. In der Klasse und auf dem Fußballplatz hatte er das Sagen. Im Unterricht machte er gerne auf Verweigerung. Die Lehrer sollten bloß nicht auf den Gedanken kommen, daß er sich anstrengte.

Mittags konnte er nicht nach Hause, weil der eine Bus zu früh, der andere zu spät abfuhr. So
5 aß er im Selbstbedienungsrestaurant, gleich gegenüber der Schule. Viel Geld wollte Heinz nicht ausgeben. "Italienische Gemüsesuppe" stand im Menü. Ein schwitzendes Fräulein schöpfte die Suppe aus einem dampfenden Topf. Heinz nickte zufrieden. Der Teller war ordentlich voll. Eine Schnitte Brot dazu, und er würde bestimmt satt.

Er setzte sich an einen freien Tisch. Da merkte er, daß er den Löffel vergessen hatte. Heinz stand
10 auf und holte sich einen. Als er zu seinem Tisch zurückstapfte, traute er seinen Augen nicht: Ein Schwarzer saß an seinem Platz und aß seelenruhig seine Gemüsesuppe!

Heinz stand mit seinem Löffel fassungslos da, bis ihn die Wut packte. Zum Teufel mit diesen Asylbewerbern! Der kam irgendwo aus Uagadugu, wollte sich in der Schweiz breitmachen, und jetzt fiel ihm nichts Besseres ein, als ausgerechnet seine Gemüsesuppe zu verzehren! Heinz
15 öffnete den Mund, um dem Menschen lautstark seine Meinung zu sagen, als ihm auffiel, daß die Leute ihn komisch ansahen. Heinz wurde rot. Er wollte nicht als Rassist gelten. Aber was nun?

Plötzlich faßte er einen Entschluß. Er zog einen Stuhl zurück und setzte sich dem Schwarzen gegenüber. Dieser hob den Kopf, blickte ihn kurz an und schlürfte ungestört die Suppe weiter.
20 Heinz preßte die Zähne zusammen, daß seine Kinnbacken schmerzten. Dann packte er energisch den Löffel, beugte sich über den Tisch und tauchte ihn in die Suppe. Der Schwarze hob abermals den Kopf. Sekundenlang starrten sie sich an. Heinz führte mit leicht zitternder Hand den Löffel zum Mund und tauchte ihn zum zweiten Mal in die Suppe.

Seinen vollen Löffel in der Hand, fuhr der Schwarze fort, ihn stumm zu betrachten. Dann senkte
25 er die Augen auf seinen Teller und aß weiter. Eine Weile verging. Beide teilten sich die Suppe, ohne daß ein Wort fiel. Heinz versuchte nachzudenken. "Vielleicht hat der Mensch kein Geld, muß schon tagelang hungern. Vielleicht würde ich mit leerem Magen ähnlich reagieren? Und Deutsch kann er anscheinend auch nicht, sonst würde er da nicht sitzen wie ein Klotz. Ist doch peinlich. Ich an seiner Stelle würde mich schämen. Ob Schwarze wohl rot werden können?"
30 Das leichte Klirren des Löffels, den der Afrikaner in den leeren Teller legte, ließ Heinz die Augen heben. Der Schwarze hatte sich zurückgelehnt und sah ihn an. Heinz konnte seinen Blick nicht deuten. In seiner Verwirrung lehnte er sich ebenfalls zurück. Er versuchte, den Schwarzen abzuschätzen. "Junger Kerl. Etwas älter als ich. Vielleicht sechzehn oder sogar schon achtzehn. Normal angezogen: Jeans, Pulli, Windjacke. Sieht eigentlich nicht wie ein Obdachloser aus.
35 Immerhin, der hat meine halbe Suppe aufgegessen und sagt nicht einmal danke! Verdammt, ich habe noch Hunger!"

Der Schwarze stand auf. Heinz blieb der Mund offen. "Haut der tatsächlich ab? Jetzt ist aber das Maß voll! So eine Frechheit! Der soll mir wenigstens die halbe Gemüsesuppe bezahlen!" Er wollte aufspringen und Krach schlagen. Da sah er, wie sich der Schwarze mit einem Tablett
40 in der Hand wieder anstellte. Heinz fiel unsanft auf seinen Stuhl zurück. "Also doch: Der Mensch hat Geld! Aber bildet der sich vielleicht ein, daß ich ihm den zweiten Gang bezahle?" Heinz griff hastig nach seiner Schulmappe. "Bloß weg von hier, bevor er mich zur Kasse bittet! Aber nein, sicherlich nicht. Oder doch?" Heinz ließ die Mappe los und kratzte nervös an einem Pickel. Irgendwie wollte er wissen, wie es weiterging. Jetzt stand der Schwarze vor der Kasse
45 und – wahrhaftig – er bezahlte! Heinz schniefte. "Verrückt!" dachte er. "Total gesponnen!" Da kam der Schwarze zurück. Er trug das Tablett, auf dem ein großer Teller Spaghetti stand, mit Tomatensauce, vier Fleischbällchen und zwei Gabeln. Immer noch stumm, setzte er sich Heinz gegenüber, schob den Teller in die Mitte des Tisches, nahm eine Gabel und begann zu essen. Heinz' Wimpern flatterten. Dieser Typ forderte ihn tatsächlich auf, die Spaghetti mit ihm
50 zu teilen! Heinz brach der Schweiß aus. Was nun? Sollte er essen? Nicht essen? Seine Gedanken überstürzten sich. Wenn der Mensch doch wenigstens reden würde!

"Na gut. Er aß die Hälfte meiner Suppe, jetzt esse ich die Hälfte seiner Spaghetti, dann sind wir quitt!" Wütend und beschämt griff Heinz nach der Gabel, rollte die Spaghetti auf und steckte sie in den Mund. Schweigen. Beide verschlangen die Spaghetti. "Eigentlich nett von ihm, daß
55 er mir eine Gabel brachte", dachte Heinz. "Aber was soll ich jetzt sagen? Danke? Saublöde! Einen Vorwurf machen kann ich ihm auch nicht mehr. Vielleicht hat er gar nicht gemerkt, daß er meine Suppe aß. Oder vielleicht ist es üblich in Afrika, sich das Essen zu teilen? Schmecken gut, die Spaghetti. Wenn ich nur nicht so schwitzen würde!"
Die Portion war sehr reichlich. Bald hatte Heinz keinen Hunger mehr. Dem Schwarzen ging
60 es ebenso. Er legte die Gabel aufs Tablett und putzte sich mit der Papierserviette den Mund ab. Heinz räusperte sich. Der Schwarze lehnte sich zurück, schob die Daumen in die Jeanstaschen und sah ihn an. Undurchdringlich. Heinz kratzte sich unter dem Rollkragen, bis ihm die Haut schmerzte. "Wenn ich nur wüßte, was er denkt!" Verwirrt, schwitzend und erbost ließ er seine Blicke umherwandern. Plötzlich spürte er ein Kribbeln im Nacken. Ein Schauer jagte ihm über
65 die Wirbelsäule von den Ohren bis ans Gesäß. Auf dem Nebentisch, an den sich bisher niemand gesetzt hatte, stand – einsam auf dem Tablett – ein Teller kalter Gemüsesuppe.
Heinz erlebte den peinlichsten Augenblick seines Lebens. Am liebsten hätte er sich in ein Mauseloch verkrochen. Es vergingen zehn volle Sekunden, bis er es endlich wagte, dem Schwarzen ins Gesicht zu sehen. Der saß da, völlig entspannt und cooler, als Heinz es je sein
70 würde, und wippte leicht mit dem Stuhl hin und her. "Äh ...", stammelte Heinz, feuerrot im Gesicht. "Entschuldigen Sie bitte. Ich..."
Er sah die Pupillen des Schwarzen aufblitzen. Auf einmal warf dieser den Kopf zurück, brach in dröhnendes Gelächter aus. Zuerst brachte Heinz nur ein verschämtes Glucksen zustande, bis endlich der Bann gebrochen war und er aus vollem Halse in das Gelächter des Afrikaners
75 einstimmte. Eine Weile saßen sie da, von Lachen geschüttelt. Dann stand der Schwarze auf, schlug Heinz auf die Schulter. "Ich heiße Marcel", sagte er in bestem Deutsch. "Ich esse jeden Tag hier. Sehe ich dich morgen wieder? Um die gleiche Zeit?" Heinz' Augen tränten, und er schnappte nach Luft. "In Ordnung!" keuchte er. "Aber dann spendiere ich die Spaghetti!"

Arbeitsaufträge zu **"Spaghetti für zwei"**

1. In Zeile 67 dieser Kurzgeschichte liest Du:
   "Heinz erlebte den peinlichsten Augenblick seines Lebens."
   Erkläre, wie es zu dieser Situation kam.
   (Umfang ca. 1/2 Seite)   **4 P**

2. Im Duden wird das Wort "cool" mit "ruhig, überlegen, kaltschnäuzig" erklärt.
   a) Marcel saß da, völlig entspannt und cool ... (Zeile 69)
      Zitiere zwei Textstellen, die sein cooles Verhalten belegen.   **2 P**
   b) Auch Heinz fühlte sich cool. (Zeile 1)
      War er es wirklich? Nimm dazu Stellung.   **2 P**

3. Erkläre mit eigenen Worten **zwei** der folgenden Ausdrücke:
   das Sagen haben (Zeile 1/2)
   auf Verweigerung machen (Zeile 2)
   den Bann brechen (Zeile 74)   **2 P**

4. Marcel erzählt später einem Freund von seinem Erlebnis. Er beginnt so:
   "Ich saß an meinem Platz und aß seelenruhig meine Gemüsesuppe. Plötzlich ..."
   Erzähle aus seiner Sicht die Situation von Zeile 11 bis 25. (Umfang ca. 1 Seite)   **6 P**

5. In Zeile 71 heißt es:
   "Entschuldigen Sie bitte. Ich ..."
   Ab hier hätte die Geschichte einen anderen Verlauf nehmen können.
   Schreibe einen neuen Schluß.   **4 P**

6. Häufig müssen Menschen unter Vorurteilen leiden.
   a) Notiere zwei Vorurteile, die Heinz gegenüber Marcel hatte.   **2 P**
   b) Junge Menschen, die fremd in Deutschland sind, bekommen immer wieder
      Vorurteile zu spüren.
      Stelle ausführlich dar, welche Möglichkeiten Ihr in der Schule habt, die Probleme
      ausländischer Mitschüler zu mildern.
      (Umfang ca. 1 Seite)   **6 P**

                                                          Punkte   **28**

Eine Musterlösung

1. Heinz war der festen Überzeugung, daß es sein Tisch war, an dem Marcel Platz genommen hatte. Heinz schaute sich in dem Selbstbedienungsrestaurant erst gar nicht richtig um und steuerte, nachdem er die Suppe schon abgestellt hatte und noch einen Löffel holte, zielsicher wieder "seinen" Platz an. Unglücklicherweise hatte sich auch der Schwarze eine Gemüsesuppe gekauft. Heinz war nun, ohne weiter nachzudenken, fest der Meinung, daß Marcel sich an seiner Suppe "vergriffen hat". Das macht ihn zunächst sprachlos, dann zornig. Auch die großzügige Geste des Schwarzen, doch mitzuessen, verstand Heinz noch falsch. Er hält Marcel für einen Dieb, bis er plötzlich auf dem Nachbartisch seine inzwischen wohl kalte Gemüsesuppe entdeckt. Dieser Augenblick war wohl einer der peinlichsten in seinem Leben.   4 P

2 a) Zeile 19 "Dieser hob den Kopf, blickte ihn kurz an und schlürfte ungestört die Suppe weiter." Zeile 61/62 "Der Schwarze lehnte sich zurück, schob die Daumen in die Jeanstaschen und sah ihn an, undurchdringlich."   2 P

2 b) Heinz gab sich cool, er war es aber eigentlich nie. Er spielte den "coolen" Typen. Wäre er es in dieser Situation wirklich gewesen, hätte er ganz anders reagiert. Er wäre nicht so schnell aus der Ruhe zu bringen gewesen, er hätte nicht gezittert, er wäre nicht so schnell ins Schwitzen geraten und rot geworden. Auch die umstehenden Leute hätten Heinz, wäre er wirklich ein cooler Typ, nichts ausgemacht.   2 P

3. "Das Sagen haben" (Z. 1/2)
"Das Sagen haben" bedeutet, daß jemand der Chef, der Anführer ist. Wer das Sagen hat, gibt Befehle; er gibt die Richtung an und bestimmt.
"Den Bann brechen" (Z. 74)
"Den Bann zu brechen" bedeutet, daß eine Hemmung abgebaut wird oder ein Vorurteil beseitigt wird. Irgend etwas löst die Spannung auf.   2 P

4. Aus der Sicht von Marcel:
"Ich saß an meinem Platz und aß seelenruhig meine Gemüsesuppe. Plötzlich packte ein junger Mann, ein Weißer, entschlossen einen Stuhl und setzte sich mir gegenüber an meinen Tisch. Ich hob meinen Kopf, schaute ihn kurz an und aß dann ungestört meine Suppe weiter. Der junge Mann machte einen sehr erregten Eindruck; ich wußte aber nicht, warum er so aufgeregt war. Plötzlich nahm er energisch einen Löffel, beugte sich über den Tisch und tauchte ihn in meine Suppe. Ich war nicht schlecht erstaunt. Abermals hob ich den Kopf. Wir starrten uns kurzzeitig an. Der Weiße führte mit leicht zitternder Hand den Löffel zum Mund. Dann tauchte er ihn zum zweiten Mal in meine Suppe. Ich war äußerlich ruhig, aber natürlich völlig verwundert. Ich betrachtete den jungen Mann, meinen vollen Löffel in der Hand. Beide blieben wir stumm. Dann senkte er seine Augen wieder und aß weiter. So verging eine ganze Weile.   6 P

5. *"Entschuldigen Sie bitte. Ich..."*

"Ja bitte?" unterbrach ihn der Schwarze. Seine Stimme hatte einen etwas gereizten Unterton.
"Entschuldigen Sie. Ich glaube, ich meine, ich habe da etwas verwechselt." "Ach nein", reagierte der
Schwarze leicht grinsend. "Ich würde ja gerne wissen, was in den letzten Minuten so in Deinem Kopf
vorgegangen ist. Bimbo aus Afrika löffelt mir meine Suppe weg – oder so ähnlich!" Heinz wurde rot.
Er wollte noch etwas erwidern, aber es fiel ihm nichts Passendes ein. Der Schwarze klopfte dem Jungen
auf die Schulter, lächelte, drehte sich um und verschwand.   4 P

6 a) Heinz hielt Marcel für einen Asylbewerber, der so frech war, die Suppe von wildfremden Leuten
wegzulöffeln. Heinz dachte, alle Schwarzen sind arm, sprechen nicht deutsch und leben auf Kosten
anderer.   2 P

6 b) In vielen Schulklassen in Deutschland sitzen Ausländer, Kinder von Asylbewerbern oder von
Flüchtlingen. Sie haben es besonders schwer. Nicht nur, weil sie nicht mehr in ihrer Heimat sind,
sondern vor allem deshalb, weil sie nicht Deutsch sprechen. Wir könnten nun diesen Mitschülern helfen.
In der Schule ist es wohl das letzte, zu lachen, wenn diese Ausländer Fehler beim Sprechen machen. Wir
könnten ihnen unsere Hilfe anbieten. Sie sollten auf keinen Fall alleine sitzen, sondern in einer Gruppe,
die bereit ist zu helfen. Vielleicht finden sich sogar ein paar, die die Neuen zu Hause besuchen und ihnen
bei den Hausaufgaben helfen. Eine weitere Möglichkeit, ihre Probleme zu mildern, wäre, wenn wir sie
auch in unserer Freizeit nicht vergessen. So könnten wir sie doch z.B. in unseren Sportverein mitnehmen.
Auch Ausländer können tolle Sportler sein. Und beim Sport braucht man nicht so viel zu reden. Da geht
es um Einsatz, Fairneß, Zusammenhalten. So könnte es den ausländischen Schülern leichter gelingen,
Anschluß zu bekommen. Wenn sie dann mal blöde angemacht werden, dann könnten die Sportkameraden
einspringen, helfen und ihre neuen Freunde verteidigen. Vorurteile kommen meistens daher, daß man
jemanden nicht oder kaum kennt. Dann ist es wichtig, daß ich viel mit den ausländischen Mitschülern
spreche, mit ihnen etwas unternehme, ihnen auch zuhöre. Dann erst kann ich mir ein echtes Urteil
erlauben und baue keine Vorurteile auf.   6 P

28 P

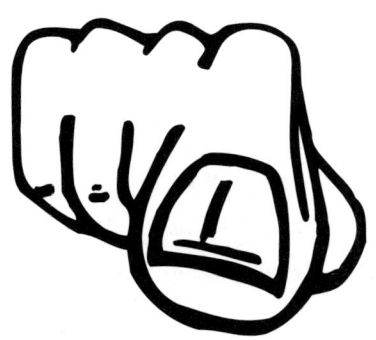

NOTE: 1

6. Deutsch als Zweitsprache: Eine Musterlösung – Note 1!

Nicht deutschsprachige Schüler, die noch nicht länger als 6 Jahre in Deutschland leben, können – wenn sie wollen! – einen besonderen 'Quali' in Deutsch ablegen:

Sie bekommen ein Lückendiktat mit 20 einzusetzenden Wörtern   --->   20 P

Sie erhalten denselben literarischen Text wie die übrigen Schüler auch, aber mit anderen Arbeitsaufträgen.   --->   55 P

                                             75 P

Die Bewertung Deutsch als Zweitsprache (Diktat + Textarbeit)		
Note 1	75 - 67	Punkte
Note 2	66 - 57	Punkte
Note 3	56 - 45	Punkte
Note 4	44 - 33	Punkte
Note 5	32 - 18	Punkte
Note 6	17 - 0	Punkte

Alle müssen (!) eine mündliche Prüfung ablegen, wo es um Hörverständnis, Wortwahl, Satzbau, Sprechfähigkeit, Sprachsicherheit geht.

Die Gesamtnote in Fach DEUTSCH ALS ZWEITSPRACHE setzt sich *gleichwertig* aus den Noten im schriftlichen und mündlichen Teil zusammen.

Eine Musterlösung im Fach "Deutsch als Zweitsprache"

A Text (siehe S. 19/20)

B Arbeitsaufträge zu **"Spaghetti für zwei"**

1. Richtig oder falsch?
   Was erfährst Du über Heinz zu Beginn der Geschichte?
   Kreuze an:

	richtig	falsch
Heinz ist sechzehn Jahre alt.		X
Er spielt gern Fußball.	X	
Seine Mitschüler hören auf ihn.	X	
Er ist ein sehr fleißiger Schüler, der alles tut, was die Lehrer sagen.		X
Mittags kann er zum Essen nicht nach Hause.	X	
Heinz will nicht viel Geld für sein Mittagessen ausgeben.	X	

3 Punkte / 3 P

2. Erst am Ende der Geschichte erfährst Du mehr über Marcel.
   Kreuze jeweils die richtige Aussage an.

    Marcel ißt selten im Selbstbedienungsrestaurant.

X Marcel ißt jeden Tag im Selbstbedienungsrestaurant.

    Marcel ißt zum ersten Mal im Selbstbedienungsrestaurant.

X Er spricht gut Deutsch.

    Er versteht kein Deutsch.

    Er kann wenig Deutsch.

    Er wird schnell wütend.

    Er versteht keinen Spaß.

X Er ist humorvoll.

X Er ist offen für Kontakte und Freundschaften.

    Er möchte nicht mit anderen ins Gespräch kommen.

    Er ist hochnäsig und lacht die anderen aus.

4 Punkte / 4 P

3. Welches der drei Bilder gibt die Situation in der Geschichte zutreffend wieder?
   Kreuze an!

○   ⊗   ○

2 Punkte / 2 P

4. Heinz hat zunächst Vorurteile gegenüber Marcel.
   Welche Gedanken gehen ihm durch den Kopf?
   Eine Aussage ist falsch. Streiche sie durch!

   – Der kann sicher kein Wort Deutsch!

   – Der kommt in die Schweiz und will sich hier bei uns breitmachen!

   – ~~Der sieht aus wie ein Obdachloser!~~

   – Der hat kein Geld und muß bestimmt tagelang hungern!

   2 Punkte / 2 P

5. Woran merkt Heinz, daß Marcel ihm nicht böse ist?
   Lies dazu den Text ab Zeile 72
   Nenne drei Beispiele!

   Marcel brach in schallendes Gelächter aus.

   Marcel schlug Heinz auf die Schulter.

   Marcel fragt: "Sehe ich dich morgen wieder?"

   3 Punkte / 3 P

6. Im letzten Abschnitt erfährst Du, wie Heinz sein Verhalten wiedergutmachen will.
   Was sagt er?

   "Aber dann spendiere ich die Spaghetti!"

   2 Punkte / 2 P

7. Im Text kommen die folgenden Redewendungen vor. Die Bedeutung entspricht ungefähr den Aussagen in der rechten Spalte.
Ordne richtig zu!

b 1. dasitzen wie ein Klotz   a) von etwas genug haben

e 2. einen Entschluß fassen   b) sich steif und stumm verhalten

a 3. das Maß ist voll   c) sehr laut werden

f 4. seinen Augen nicht trauen   d) sich rücksichtslos Platz verschaffen

g 5. das Sagen haben   e) sich für etwas entscheiden

d 6. sich breitmachen   f) nicht glauben, was man sieht

c 7. Krach schlagen   g) der Anführer sein

6 Punkte / 6 P

8. In den Zeilen 65/66 heißt es: "Auf dem Nebentisch, an den sich bisher niemand gesetzt hatte, stand – einsam auf dem Tablett – ein Teller kalter Gemüsesuppe."
Beschreibe die Gefühle und Reaktionen von Heinz.

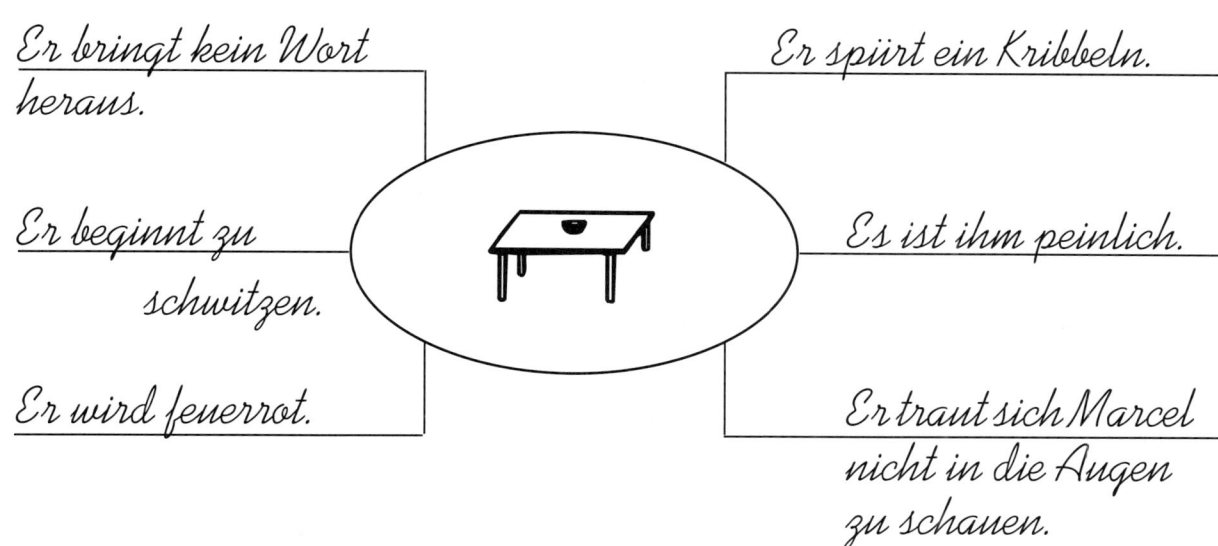

Er bringt kein Wort heraus.

Er beginnt zu schwitzen.

Er wird feuerrot.

Er spürt ein Kribbeln.

Es ist ihm peinlich.

Er traut sich Marcel nicht in die Augen zu schauen.

4 Punkte / 4 P

9. Lies nochmals die Zeilen 14 - 18

Stell Dir vor, Heinz würde sich doch entschließen, Marcel anzusprechen.
Denk Dir ein Gespräch aus. Laß jeden dreimal zu Wort kommen.

Heinz: Sag mal, was machst Du denn da?

Marcel: _Ich? Nichts Besonderes. Ich esse die Suppe, wie du siehst._

Heinz: _Aha! Ich hätte ja nichts dagegen — aber das ist bitteschön meine Suppe!_

Marcel: _Was? Wie bitte? Wie kommst du denn auf diese komische Idee? Das ist meine Suppe!_

Heinz: _Dann habe ich nur eine Frage. Wo ist denn dann meine Suppe? Ich . . ._

Marcel: _Da schau mal! Am Nachbartisch steht ganz einsam ein Teller Suppe._

Heinz: _O Gott! Genau! Das ist meine. Ich habe den Tisch verwechselt. Entschuldigung — Wie heißt du eigentlich?_

15 Punkte / 15 P

C Was paßt? Setze ein!

übermorgen – vorgestern – um 8.32 Uhr – neulich – 22 Uhr – eine Woche – zu spät – pünktlich – vor einem Jahr – kürzlich – nachts – später – etwa gegen 12 Uhr

Beispiel: Wir blieben *eine Woche* bei unseren Freunden zu Besuch.

1. Du mußt dich etwas beeilen, damit wir nicht *zu spät* kommen.

2. Tagsüber ist es sehr laut, aber *nachts* ist es ruhig.

3. Der Zug fährt genau *um 8.32 Uhr* ab.

4. *Übermorgen* hat mein Bruder Geburtstag.

5. Klaus kommt schon wieder nicht *pünktlich* in die Schule.

6. Wir werden noch vor dem Mittagessen *etwa gegen 12 Uhr* bei euch eintreffen

6 Punkte / 6 P

D Verbinde jeweils die beiden Sätze mit dem passenden Bindewort.

Beachte das Beispiel!

Beispiel: Petra hatte großen Hunger. Sie kam nach Hause.
Petra hatte großen Hunger, *als sie nach Hause kam.*

Herr Müller nimmt ein Taxi. Er möchte nicht zu spät kommen.
Herr Müller nimmt ein Taxi, *weil er nicht zu spät kommen möchte.*

Elke geht in die Schule. Sie ist krank.
Elke geht in die Schule, *obwohl sie krank ist.*

Mirko will Geld verdienen. Er trägt Zeitungen aus.
Mirko will Geld verdienen, *indem er Zeitungen austrägt.*

Klaus setzt immer einen Sturzhelm auf. Er fährt mit dem Mofa.
Klaus setzt immer einen Sturzhelm auf, *wenn er mit dem Mofa fährt.*

8 Punkte / 8 P

55 Punkte / 55 P

NOTE: 1

29

Texte

Rolltreppe abwärts (Romanausschnitt)
(Hans-Georg Noack)

Die Rolltreppe baggerte Menschenschlangen in die oberen Stockwerke. Jochen ließ sich hinauftragen und roch einen nassen Wollmantel vor sich. Erster Stock. Bunte Stoffe. Zweiter Stock. Haushalt, Elektro, Schallplatten, Spielwaren.

Ein Angestellter mit einem Bündel Papiere in der Hand stand dicht an der Rolltreppe und sah
5 nicht in die Zettel, die er durchblätterte, sondern auf ein paar Jungen, die sich am Spielwarenstand zu schaffen machten. In manchen Abteilungen konnte man gar nicht genug aufpassen. Jochen betrachtete bunte Plattenhüllen. ... An der Plattenbar war ein Hocker frei. Er griff zum Hörer:

"Anuschka, wie kann man nur so sein ..."

10 Im dritten Stock Möbel, Schuhe, aus dem Imbißraum Duft, der den Magen an seine Leere erinnerte. Ein pappiges Brötchen und ein Sahnebonbon waren wirklich nicht genug.

Rolltreppe abwärts. Im zweiten Stock blätterte der Angestellte in seinen Papieren, den Blick jetzt auf den Stand mit den kleinen Transistorgeräten gerichtet.

Wieder ganz unten. Der Bonbonberg war riesig. Wie viele mochten es sein? Zehntausend?
15 Wohl mehr. Eine Handvoll davon, das wäre jetzt gut. Aber ein Kupferpfennig ist kein Vermögen.

Wieder die Rolltreppe. Jochen erkannte manchen wieder, der ihm vorher schon aufgefallen war.

Lehrlinge in der Nachmittagspause, Berufsschüler, die den Nachmittagsunterricht unwichtig
20 fanden, Mädchen, die sich der prüfenden Blicke bewußt waren. Sie taten gleichmütig und hatten längst bemerkt, daß dieselben Jungen schon seit drei oder vier Runden immer ein paar Stufen hinter ihnen waren. Plötzlich ein grüner Anorak auf der Stufe neben Jochen. "Hübsche Beine, die Kleine da vorn, wie?" Das Grinsen ließ die Sommersprossen zusammenrücken. Jochen wurde rot, denn er hatte tatsächlich gerade diese Beine betrachtet. Der grüne Anorak drängte
25 sich vorbei und stieg den hübschen Beinen zwei Stufen näher.

Rauf, runter, rauf ...

Die wühlenden Hände konnten den Bonbonberg nicht abtragen, soviel sie auch davon in die Tüten schaufelten. Es blieben immer noch Zehntausend. Wahrscheinlich mehr.

Jochen kramte in der Tasche nach seinem Pfennig. Hundert Gramm vierzig Pfennig. Eine kleine
30 Rechenaufgabe: Wenn man für vierzig Pfennig hundert Gramm kaufen kann, wieviel Gramm bekommt man dann für einen Pfennig? Zweieinhalb. Ob ein Bonbon zweieinhalb Gramm wiegt? Oder mehr? Die wägende Hand wurde sich nicht schlüssig. Vielleicht stimmt es ungefähr.

Jochen legte den Pfennig auf die Holzumrandung des Standes, steckte die Hand mit dem
35 Bonbon in die Tasche, ging die ersten Schritte schnell, schlenderte dann weiter.

Über der Füllung war eine dünne Kruste. Das Bonbon zerfiel förmlich auf der Zunge. Gut schmeckte es, ja, aber ein Bonbon, das war arg wenig für einen knurrenden Magen.

An der Plattenbar war kein Platz mehr frei. Der grüne Anorak hockte neben den hübschen Beinen, die der Minirock ausstellte.

40 Auf vierzig, fünfzig Bildschirmen sprach gleichzeitig ein stummer Minister. Wenn er seine unhörbaren Worte mit einer Handbewegung unterstrich, sah es aus, als veranstalteten vierzig, fünfzig Minister Massenfreiübungen.

Der Mann mit den Papieren beaufsichtigte Mini-Autos. Im Erdgeschoß stand nirgends ein Mann mit Papieren in der Hand. Jedenfalls war in der Nähe des Bonbonberges keiner zu
45 entdecken. Hundert Gramm für vierzig Pfennig, da lohnte sich ein Hausdetektiv wahrscheinlich nicht.

Der Kupferpfennig lag noch auf der Umrandung. Vielleicht war es nicht ganz üblich, auf diese Weise zu bezahlen, aber schließlich konnte man nicht wegen eines einzigen Pfennigs und eines einzigen Bonbons die Kassiererin behelligen. Ihre Kasse klingelte ohnehin unaufhörlich. Sie
50 hatte kein Auge frei. Und nirgends stand ein Mann, der über Papiere hinwegsah.

Drei Bonbons von mindestens zehntausend, dagegen ließ sich kaum etwas sagen. Außerdem war es nicht einmal Diebstahl, sondern Mundraub. Der Lehrer hatte den Unterschied ganz deutlich erklärt. So etwas gehörte zur Staatsbürgerkunde. Im letzten Zeugnis eine Zwei. Der Staatsbürger muß neben vielem anderen auch wissen, wann er stiehlt und wann er mundraubt,
55 oder wie man dazu sagt. Diebstahl war es überhaupt erst bei hundert Gramm vielleicht, oder bei einem halben Pfund. Das hing wohl vom Hunger dessen ab, der etwas nahm, und Jochens Hunger war groß. Also Diebstahl war's bestimmt nicht, allerhöchstens Mundraub.

"Krieg ich eins ab?" Jochen fuhr herum. Der Junge war einen Kopf größer und zwei, drei Jahre älter."

60 Was sagst du?"

"Ob ich eins abkriege!"

"Wovon?"

"Von den Bonbons, die du oben geklaut hast. Mensch, nun werd doch nicht gleich rot. Ich sag doch gar nichts. Du gibst mir eins ab, und die Sache ist in Ordnung."

65 Jochen fingerte ein Bonbon aus der Tasche, legte es in die fordernde Hand, drehte sich um und machte lange Schritte. Der andere auch. "Nun lauf doch nicht gleich weg. Wir können doch noch ein bißchen zusammenbleiben. Geschickt machst du das. Wirklich. Ist bestimmt keinem aufgefallen, außer mir."

"Ich will gerade gehen."

70 "Na fein, ich auch."

Draußen verdichtete sich der Nebel. Nach der Wärme im Kaufhaus war es noch kühler als vorhin. Jochen ging weiter, sah auf die Schuhspitzen und versuchte, den Jungen neben sich nicht zu beachten.

"Zigarette?"

75 Eine zerknautschte Packung Reval wippte im Takt der Schritte vor Jochens Gesicht auf und ab. Er schüttelte den Kopf.

"Wohl noch zu klein, wie?"

Jochen faßte zu, zog eine Zigarette aus der Packung, steckte sie zwischen die Lippen und klopfte die Taschen ab, als erwartete er, Streichhölzer oder ein Feuerzeug zu finden.

80 Die Flamme sprang auf. Der andere hielt das Feuerzeug so, daß Jochen es genau sehen konnte. Es sah wie schweres Silber aus, und das Stadtwappen war darauf.

Wenn man den Rauch nicht zu tief einatmete, brauchte man nicht zu husten. Es hatte jetzt keinen Sinn mehr, in die nächste Seitenstraße einzubiegen. Die Zigarette schuf eine Gemeinsamkeit.

"Verdammt kalt heute", meinte der andere. "Trinkst du'n Bier mit?"

85 "Kein Geld."

"Wer redet denn davon. Ich hab ja massig. Komm schon!" (...)

Vier, fünf Tage lang dachte Jochen vormittags in der Schule schon an das Treffen am Nachmittag. Unten an der Rolltreppe.

Und dann sagte Axel eines Tages: "Heute bin ich pleite. Kannst du nicht die Zigaretten

90 bezahlen?"

Jochen wurde rot. "Ich hab doch kein Geld. Meinst du, ich kriege Taschengeld von meiner Mutter? Die sagt nur immer: Du hast alles, was du brauchst, und ein Taschengeld bringt dich nur auf dumme Gedanken. Die behandelt mich überhaupt wie ein kleines Kind!" Axel nickte. "Bei mir ist es umgekehrt. Taschengeld kriege ich jede Menge. Dann bin ich versorgt, und man

95 braucht sich nicht mehr weiter um mich zu kümmern. Aber diesmal ist es doch ein bißchen knapp, weißt du. Schließlich hab ich jetzt immer für dich mitbezahlt. Jetzt wärst du wirklich mal an der Reihe!"

Es war Jochen schrecklich peinlich. Axel hatte ja recht. Er bezahlte immer alles.

"Du kannst das doch ganz schön geschickt, das hab ich bei den Bonbons gesehen. Los, das

100 kriegen wir schon hin."

Am Zigarettenstand ließ Axel sich von der Verkäuferin Feuerzeuge zeigen, schwankte, stellte Fragen nach dem Mechanismus, war unzufrieden, betrachtete das nächste und das übernächste, fand nicht das richtige und sorgte dafür, daß die Verkäuferin die Reihe von Feuerzeugen im Auge behalten mußte, die sie vor ihn gelegt hatte. Als Axel sich endlich mit einem entschul-

105 digenden Lächeln achselzuckend abwandte, hatte Jochen zwei Schachteln Zigaretten in der Tasche.

"Mensch, Jochen, du bist ein As!"

Jochen pustete. "Aber was ich für eine Angst ausgestanden habe! Wenn mich jemand erwischt hätte!"

110 Axel wischte die Bedenken mit einer Handbewegung fort. "Wenn schon! Erstens bist du noch nicht vierzehn, also kann dir keiner etwas wollen. Und zweitens ist mein Alter Rechtsanwalt. Der dreht die Sache schon wieder hin, wenn mal was schiefgeht. Er kann es sich doch gar nicht leisten, daß sein Sohn in Schwierigkeiten kommt."

Gewissensbisse vergingen in Rauchwolken. Und Axel war offensichtlich zufrieden, daß er

115 wieder rauchen konnte. Er brauchte eine ganze Menge Zigaretten am Tag. Was wog ein bißchen Angst dagegen, daß der große Axel mit Jochen zufrieden war?

Aber in der Nacht träumte Jochen. Er fuhr die Rolltreppe abwärts. (...)

Arbeitsaufträge zu **"Rolltreppe abwärts"**

1. In diesem kurzen Romanausschnitt taucht viermal das Wort "Rolltreppe" auf. Der Buchtitel heißt "Rolltreppe abwärts". Jochen träumt von der Rolltreppe: "Er fuhr die Rolltreppe abwärts!" Begründe, warum Hans-Georg Noack die Rolltreppe so oft nennt und Jochen im Traum **ab**wärts und nicht aufwärts fährt.

   3 P

2. a) Erkläre, warum im Text immer wieder von **10 000** Bonbons die Rede ist und nicht einfach erwähnt wird, daß es **viele** Bonbons sind.

   2 P

   b) Zitiere zwei Stellen, wo deutlich wird, daß Jochen sich selbst zu beruhigen versucht.

   1 P

3. Mit welcher Absicht läßt der Autor wohl den "Angestellten mit den Papieren" auftreten?

   2 P

4. Bestimmte Sprachmittel werden eingesetzt, um uns zu interessieren, Spannung zu erzeugen.

   a) In den Zeilen 2/3 und 14 - 16 findest Du eines davon. Benenne es und beschreibe knapp die Wirkung.

   2 P

   b) In den Zeilen 101 - 105 verwendet Noack ein anderes Sprachmittel. Benenne es und erläutere knapp, warum er es gerade in dieser "heißen" Situation einsetzt.

   2 P

5. Axel schmeichelt Jochen, er lobt ihn, er "wickelt ihn ein".
   Erkläre mit eigenen Worten, wie Axel dies anstellt und warum er dies macht.

   2 P

6. Jochens Mutter: "Du hast alles, was du brauchst, und ein Taschengeld bringt dich nur auf dumme Gedanken."
   Axels Situation ist ganz anders. Lies im Text nach.
   Welchen Standpunkt vertrittst Du in Bezug auf Taschengeld?

   5 P

7. a) Manche Jugendliche behaupten, sie würden nur "klaufen". Versuche diese Wortkombination zu erklären.

   1 P

   b) In bestimmten Cliquen muß man als "Aufnahmeprüfung" eine "Mutprobe" ablegen: Klauen!
   Nimm Stellung. (Umfang ca. 1/2 Seite)

   3 P

   c) Beschreibe eine Situation, in der ein Junge/ein Mädchen **wirklich Mut** beweisen muß. (Umfang ca. 1 Seite)

   5 P

   ___

   Punkte   **28 P**

Mittag

Am Waldessaume träumt die Föhre,
am Himmel weiße Wölkchen nur;
es ist so still, daß ich sie höre,
die tiefe Stille der Natur.

Rings Sonnenschein auf Wies' und Wegen,
die Wipfel stumm, kein Lüftchen wach,
und doch, es klingt, als ström' ein Regen
leis' tönend auf das Blätterdach.

Theodor Fontane

Lautlos

Das ist die weiße Mittagskatze!
Über die glühenden Dächer
des Sommers
wandert sie lautlos
auf nackten Zehen.
Manchmal hebt sie
die samtne Pfote und schlägt
den Rauch aus dem Schornstein
zu Boden.

Linus Kefler

Sommer

Am Abend schweigt die Klage
des Kuckucks im Wald.
Tiefer neigt sich das Korn,
der rote Mohn.

Schwarzes Gewitter droht
über dem Hügel.
Das alte Lied der Grille
erstirbt im Feld.

Nimmer regt sich das Laub
der Kastanie.
auf der Wendeltreppe
rauscht dein Kleid.

Still leuchtet die Kerze
im dunklen Zimmer;
eine silberne Hand
löschte sie aus.

windstille, sternlose Nacht.

Georg Trakl

Sonntagvormittag

Unerwartet
ist es still geworden.
Die Motorräder schlafen
unter Wirtshausbäumen,
und die Fahrer träumen
bei Coca-Cola
von der nächsten Kurve,
die sie schneiden werden.
Löwenzahnsamen
treibt ihnen ins Glas.
Der Sonntag ist mittags
hell wie die Iris,
die keine Wimper beschattet.
Niemand will aufbrechen.
Man sitzt weiter beisammen
auf blauen Gartenstühlen.
Ganz langsam zerfällt dann nachmittags
die Landschaft zu Staub,
den die Schnelligkeit zurückließ.

Karl Krolow

Arbeitsaufträge zu **Gedicht-Vergleich**

1. Mittagszeit an einem heißen Sonntag

   a) Notiere 2 Wendungen aus Gedicht 1 "MITTAG", die eine gewisse Friedlichkeit
      zum Ausdruck bringen.   **1 P**

   b) 1. Str.: Waldessaume – Föhre   2. Str.: Sonnenschein – Wiese
                     ↓   ↓   ↓   ↓
                 Himmel   Wölkchen   Wipfel   Lüftchen

   Erkläre knapp den oben dargestellten Zusammenhang in den jeweils ersten beiden
   Zeilen, den der Dichter Fontane bestimmt beabsichtigt hat.   **2 P**

2. a) Schreibe in wenigen Sätzen auf, wie das 2. Gedicht "LAUTLOS" auf Dich wirkt. **2 P**

   b) Lies es noch einmal durch, laß aber dabei alle Eigenschaftswörter weg. Beschreibe
      nun im Vergleich mit dem Originaltext die Wirkung und die Bedeutung der Eigen-
      schaftswörter.   **2 P**

3. Schreibe nun selbst ein kleines Gedicht. Es muß sich nicht reimen. Achte dabei auf
   treffende Wortwahl.

   Wähle aus: – Vor der Probe   – Hitzefrei   – Im Pausenhof   – Der Neue   **4 P**

4. Im 3. Gedicht "SOMMER" beschreibt Georg Trakl die Stimmung an einem heißen
   Sonntag, der zu Ende geht.

   a) Notiere vier Zeitwörter, die gut geeignet sind, diese Stimmung auszudrücken. **2 P**

   b) Versuche kurz zu erklären, warum der Dichter gerade

      den Kuckuck -----> schweigen läßt
      das Korn   -----> sich neigen läßt
      die Grille   -----> ersterben läßt
      die Kerze   -----> erlöschen läßt   **2 P**

5. a) Karl Krolow fängt die Stimmung in seinem Gedicht "SONNTAGVORMITTAG"
      sehr gekonnt ein. Bist Du auch dieser Ansicht? Begründe Deinen Standpunkt knapp
      mit Hilfe von Zitaten aus dem Text.   **3 P**

   b) Begründe knapp, warum der Dichter keine einzelnen Personen oder Namen nennt,
      sondern die Worte "Niemand", "man", "die Fahrer" verwendet.   **2 P**

6. Beschreibe die Atmosphäre **einer** der beiden folgenden Situationen:
   – Spaziergang im Nebel   – Sturm in der Stadt
   Du kannst eine Gedichtform wählen – wenn Du willst. (Umfang ca. 1 Seite)   **8 P**

   _____
   Punkte   **28 P**

Mit einem schwarzen Wagen
(Heinz Piontek)

Als die Gestalt einer Frau, vom Licht der Scheinwerfer aus dem Undurchsichtigen gefischt, plötzlich vor dem rechten Kotflügel seines Wagens auftauchte, riß Taubner das Steuer herum und bremste gleichzeitig. Das Auto hüpfte und legte sich auf die Seite wie ein gerammtes Boot. Einen Augenblick später kippte es in die Normallage zurück, die vier Reifen rutschten noch ein

5 Stück über den Asphalt. Taubner hing verkrampft über dem Steuer, blind für Sekundenzehntel, etwas Ungeheures erwartend.
Jetzt stand der Wagen.
Der Fahrer warf sich herum und sah durch das Türglas, durch die Scheibe über dem Rücksitz hinaus in die verregnete Straße. Der Schreck hatte ihm den leichten Schleier der Trunkenheit

10 von den Augen gerissen.
Gott sei Dank, dachte der Mann, nichts ... nichts passiert! Es konnte ja gar nichts passieren, ich hab noch im letzten Moment richtig reagiert. Absolut richtig. Er startete überstürzt. Der Wagen schoß mit einem Sprung vor, durchjagte mehrere Kurven, die Vorstadt blieb zurück, immer dichter wurde der Verkehr.

15 Es war kurz nach sieben Uhr. Um sieben hatte er daheim sein wollen. Bei seinem letzten Kunden war er aufgehalten worden, aber es hatte sich gelohnt. Noch nie war Taubners Umsatz so hoch gewesen wie an diesem Tag. Nach dem Abschluß hatte sein Partner eine Flasche Gin auf den Tisch gestellt und ein paar saftige Zahlmeister-Abenteuer zum besten gegeben. Famoser Mann. In Frankreich hatten sie ein halbes Jahr lang der gleichen Division angehört. Famose Division.

20 Taubner wohnte in einem Neubaublock. Keine hundert Schritt neben der Haustür standen Reihengaragen. Dorthin fuhr er nun, stellte seinen Wagen ein; doch bevor er die nach Kalk und Benzin riechende Zelle verließ, ging er um das schwarze Fahrzeug herum und betrachtete es so eingehend, als sähe er es zum erstenmal. An der Decke hing eine Glühbirne unter einem Emailleschirm, und der Lack der Karosserie reflektierte das Licht.

25 Auf einmal hatte es Taubner nicht mehr eilig, nach Hause zu kommen, wo seine Frau mit dem Abendessen auf ihn wartete. Hastig verschloß er die Garage. "Guten Abend, Herr Taubner." Er überhörte den Gruß und lief, die neuen Häuser im Rücken, durch den Regen, die Straße zurück, auf der er gekommen war. In kurzen Abständen spähte er hinter sich. Niemand folgte ihm. Flink warf er sein Taschentuch in den Guli. Er fühlte sich etwas erleichtert. Sein

30 Bewußtsein sank in ein nervöses Grübeln ab.
Taubner war ein massiver, mittelgroßer Mann mit den ersten grauen Haaren an den Schläfen. Als Reisevertreter einer traditionsbewußten Textilfirma war er vielleicht etwas zu flott gekleidet, aber die Leitung des Geschäftshauses sah ihm seine Schwäche für wilde Krawatten und forsche Hüte nach, denn er war tüchtig und gewissenhaft und beliebt bei den Kunden. Seine

35 Frau -er hatte spät geheiratet- hielt ihn für klug, gütig, charakterfest, manchmal für etwas herrschsüchtig. "Unsere Ehe ist glücklich", sagte sie auch zu denen, die es nicht hören wollten, "Hubert ist ein idealer Gatte." Und einmal hatte ihr jemand entgegnet: "Jede Frau bekommt den Mann, den sie verdient."
Taubner öffnete die Tür eines Lokals, das sich in einer Seitenstraße befand. Er hatte es noch

40 nie betreten, er war kein Freund bürgerlicher Kneipen. Jetzt aber schien es ihm gut genug für einen Besuch. Der Raum war getäfelt, nur wenige Gäste saßen an den mit Glasscheiben belegten Tischen.
Der neue Gast ließ sich auf einem Platz nieder, von dem aus er das Lokal überblicken konnte. Dann bestellte er einen Kognak und gleich danach einen zweiten. Sein bleiches Gesicht belebte

45 sich rasch. Taubner trank weiter und starrte auf den Eingang. Er dachte: Soll doch kommen, wer mag! ich brauche niemanden zu fürchten. Und dann dachte er: Es konnte nichts schiefgehen, ich reagierte absolut richtig. Und wie schnell ich reagierte! Ist eine Freude, sich daran zu erinnern.
Mit einem Schlag suchte ihn ein Gefühl tiefer beklemmender Einsamkeit heim. Er war allein

50 auf der Welt. Allein mit einem Entsetzen, das ihm kalten Schweiß aus den Poren trieb. Hatten ihn die Lebenden verraten? Sollten die Toten seine Genossen werden? Sollte er unter der Erde nach ihnen suchen? Schwankend fuhr er auf. Der Fenstertisch war besetzt; er steuerte auf ihn

zu, rückte sich einen Stuhl zurecht, ohne um Erlaubnis zu bitten. Der Mann, dem er nun gegenüber saß, musterte ihn.

55 "Entschuldigen Sie", sagte Taubner, und man hörte, daß ihm das Sprechen schwer fiel, "ich weiß, ich störe Sie, aber es gibt Momente im Leben ... Taubner", sagte er, "ein anständiger Name, immer schon hochanständig gewesen."

Er erhielt keine Antwort. Der Kellner brachte das Glas hinter ihm her und zog die rechte Braue mißbilligend in die Höhe.

60 "Sie halten mich für betrunken, und wahrscheinlich bin ich's auch", fuhr Taubner fort, "doch wenn ich hinterm Steuer sitze, verstehen Sie, dann reagiere ich richtig und – wie der Blitz. Tatsache. Ich könnte Ihnen einen Fall erzählen, der sich wie ein Unfall anhören würde, wenn ich nicht wie der Blitz ... verstehen Sie? Ich säße jetzt nicht hier."

"Das alles mag interessant sein", sagte Taubners Tischnachbar ärgerlich, "aber nicht für uns!"

65 "Meine Frau weiß, daß ich ein sicherer Fahrer bin. Andere wissen es auch, nur die Polizei weiß es nicht."

"Die Polizei?" wiederholte das Mädchen mit einem halben Lächeln.

"Ja, die Polizei", fing Taubner von neuem an, "alles weiß sie, und was sie nicht weiß, bekommt sie heraus. Bloß von meinem sicheren Fahren hat sie keine Ahnung."

70 Damit endete ihr Gespräch. Taubner horchte auf die Stimmen, die in seinem Kopf durcheinander redeten. Er hörte unwiderlegliche Anklagen und beschwichtigende Argumente, es zischelte, dröhnte und hämmerte, dann wurde es still. Das Rumoren war so monoton geworden, daß es seine Aufmerksamkeit nicht mehr reizte.

Plötzlich pendelte sein Körper gegen eine Holzfläche. Ein Hindernis – es nahm seine
75 erschlafften Sinne in Anspruch. Er spähte und tastete. Die Wohnungstür, natürlich die Wohnungstür. Immer gab es zuletzt noch eine Tür, die man öffnen mußte. Umständlich schloß er sie auf, fand den Lichtschalter nicht und stand eine Weile unschlüssig in der Diele. Im Wohnzimmer sprach jemand leise und abgerissen; es klang wie ein Schluchzen. Sie weint, dachte er und fühlte Glück und Verdruß in sich aufsteigen; gut ist es, aber es regt mich auf! Dann
80 räusperte er sich und faßte nach der Klinke.

Zwei uniformierte Männer und ein Zivilist im schwarzen Lodenmantel blickten ihm wachsam entgegen. Taubner hielt an. Er zog seinen Hut wie ein Bittsteller.

"Hubert."

"Ja, ich war es", sagte er. Da war das Zimmer weiß, und es roch nach Benzin und Kalk, der rechte
85 Kotflügel war verbeult, Haare und Blut, winzige Perlen auf dem zerschrammten Lack. Er polierte sie mit dem Taschentuch weg ...

Die drei Männer näherten sich ihm und zwei begannen gleichzeitig auf ihn einzureden.

"Was in aller Welt soll man nur tun", sagte Taubner.

Niemand verstand ihn. Der Zivilist sagte: "Machen Sie es uns bitte nicht schwer, Herr Taubner."

Arbeitsaufträge zu **"Mit einem schwarzen Wagen"**

1. Fasse den Inhalt dieser Kurzgeschichte so zusammen, daß jemand, der die Geschichte nicht gelesen hat, darüber informiert ist, was geschehen ist (Umfang ca. 1/2 Seite)   **4 P**

2. Im 7. Abschnitt (Zeilen 31 - 38) erfährt man mehr über den Charakter von Taubner. Notiere stichpunktartig jeweils 2 Charaktereigenschaften, wie ihn seine Firma und wie ihn seine Frau sieht.   **2 P**

3. Taubner redet viel mit sich selbst bzw. seine Gedanken kreisen. In den Zeilen 71/72 heißt es: "Er hörte unwiderlegliche Anklagen und beschwichtigende Argumente ...".
   a) Notiere jeweils zwei Anklagen; beginne so: "Du ..."
   b) Notiere jeweils zwei beschwichtigende Argumente; beginne so: "Ich ..."   **4 P**

4. Als Taubner nach Hause kommt, hört er seine Frau weinen. "Sie weint, dachte er und fühlte Glück und Verdruß in sich aufsteigen ...".
   Erkläre knapp, warum Glück **und** Verdruß in ihm hochsteigen.   **4 P**

5. Beschreibe, wie Taubner sich verhalten hätte sollen, wenn er keine Schuld auf sich laden will. Beginne nach Zeile 10 (Umfang ca. 1 Seite)   **6 P**

6. Taubner belügt sich eine Zeitlang selber. Berichte über eine Situation, in der Du das auch schon getan hast.   **4 P**

7. Strafgesetzbuch § 323 c:
   Unterlassene Hilfeleistung:
   "Wer bei Unglücksfällen oder gemeiner Gefahr oder Not nicht Hilfe leistet, obwohl dies erforderlich und ihm den Umständen nach zuzumuten ist, insbesondere ohne erhebliche eigene Gefahr und ohne Verletzung anderer wichtiger Pflichten, wird mit Freiheitsstrafe bis zu einem Jahr oder mit Geldstrafe bestraft."
   Beschreibe eine Notsituation – nicht aus dem Straßenverkehr –, wo unterlassene Hilfeleistung vorliegen könnte.   **4 P**

   _____

   Punkte   **28**

Anekdote zur Senkung der Arbeitsmoral
(Heinrich Böll)

In einem Hafen an einer westlichen Küste Europas liegt ein ärmlich gekleideter Mann in seinem
Fischerboot und döst. Ein schick angezogener Tourist legt eben einen neuen Farbfilm in seinen
Fotoapparat, um das idyllische Bild zu fotografieren: blauer Himmel, grüne See mit friedlichen,
schneeweißen Wellenkämmen, schwarzes Boot, rote Fischermütze. Klick. Noch einmal: klick,
5 und da aller guten Dinge drei sind, und sicher sicher ist, ein drittes Mal: klick. Das spröde, fast
feindselige Geräusch weckt den dösenden Fischer, der sich schläfrig aufrichtet, schläfrig nach
seiner Zigarettenschachtel angelt, aber bevor er das Gesuchte gefunden, hat ihm der eifrige
Tourist schon eine Schachtel vor die Nase gehalten, ihm die Zigarette nicht gerade in den Mund
10 gesteckt, aber in die Hand gelegt, und ein viertes Klick, das des Feuerzeuges, schließt die
eilfertige Höflichkeit ab. Durch jenes kaum meßbare, nie nachweisbare Zuviel an flinker
Höflichkeit ist eine gereizte Verlegenheit entstanden, die der Tourist – der Landessprache
mächtig – durch ein Gespräch zu überbrücken versucht.
"Sie werden heute einen guten Fang machen."
15 Kopfschütteln des Fischers. "Aber man hat mir gesagt, daß das Wetter günstig ist."
Kopfnicken des Fischers.
"Sie werden also nicht ausfahren?"
Kopfschütteln des Fischers, steigende Nervosität des Touristen. Gewiß liegt ihm das Wohl des
ärmlich gekleideten Menschen am Herzen, nagt an ihm die Trauer über die verpaßte
20 Gelegenheit.
"Oh? Sie fühlen sich nicht wohl?"
Endlich geht der Fischer von der Zeichensprache zum wahrhaft gesprochenen Wort über.
"Ich fühle mich großartig", sagt er. "ich habe mich nie besser gefühlt."
Er steht auf, reckt sich, als wollte er demonstrieren, wie athletisch er gebaut ist.
25 "Ich fühle mich phantastisch."
Der Gesichtsausdruck des Touristen wird immer unglücklicher, er kann die Frage nicht mehr
unterdrücken, die ihm sozusagen das Herz zu sprengen droht:
"Aber warum fahren Sie dann nicht aus?"
Die Antwort kommt prompt und knapp.
30 "Weil ich heute morgen schon ausgefahren bin."
"War der Fang gut?"
"Er war so gut, daß ich nicht noch einmal auszufahren brauche, ich habe vier Hummer in meinen
Körben gehabt, fast zwei Dutzend Makrelen gefangen ..." Der Fischer, endlich erwacht, taut
jetzt auf und klopft dem Touristen beruhigend auf die Schultern. Dessen besorgter Gesichts-
35 ausdruck erscheint ihm als ein Ausdruck zwar unangebrachter, doch rührender Kümmernis.
"Ich habe sogar für morgen und übermorgen genug", sagte er, um des Fremden Seele zu
erleichtern.
"Rauchen Sie eine von meinen?" – "Ja, danke." Zigaretten werden in Münder gesteckt, ein
fünftes Klick, der Fremde setzt sich kopfschüttelnd auf den Bootsrand, legt die Kamera aus der
40 Hand, denn er braucht jetzt beide Hände, um seiner Rede Nachdruck zu verleihen.
"Ich will mich ja nicht in Ihre persönlichen Angelegenheiten mischen", sagt er, "aber stellen
Sie sich mal vor, Sie führen heute in zweites, ein drittes, vielleicht sogar ein viertes Mal aus,
und Sie würden drei, vier, fünf, vielleicht gar zehn Dutzend Makrelen fangen ... stellen Sie sich
das mal vor."
45 Der Fischer nickt.
"Sie würden", fährt der Tourist fort, "nicht nur heute, sondern morgen, übermorgen, ja, an
jedem günstigen Tag zwei-, dreimal, vielleicht viermal ausfahren – wissen Sie, was geschehen
würde?"
Der Fischer schüttelt den Kopf.
50 "Sie würden sich in spätestens einem Jahr einen Motor kaufen können, in zwei Jahren ein
zweites Boot, in drei oder vier Jahren könnten Sie vielleicht einen kleinen Kutter haben, mit
zwei Booten oder mit dem Kutter würden Sie natürlich viel mehr fangen – eines Tages würden

Sie zwei Kutter haben, Sie würden ...", die Begeisterung verschlägt ihm für ein paar Augenblicke die Stimme, "Sie würden ein kleines Kühlhaus bauen, vielleicht eine Räucherei,
55 später eine Marinadenfabrik, mit einem eigenen Hubschrauber rundfliegen, die Fischschwärme ausmachen und ihren Kuttern per Funk Anweisung geben, Sie könnten die Lachsrechte erwerben, ein Fischrestaurant eröffnen, den Hummer ohne Zwischenhändler direkt nach Paris exportieren – und dann ..." wieder verschlägt die Begeisterung dem Fremden die Sprache. Kopfschüttelnd, im tiefsten Herzen betrübt, seiner Urlaubsfreude schon fast verlustig, blickt
60 er auf die friedlich hereinrollende Flut, in der die ungefangenen Fische munter springen. "Und dann", sagt er, aber wieder verschlägt ihm die Erregung die Sprache.
Der Fischer klopft ihm auf den Rücken, wie einem Kind, das sich verschluckt hat.
"Was dann?" fragte er leise.
"Dann", sagte der Fremde mit stiller Begeisterung, "dann könnten sie beruhigt hier im Hafen
65 sitzen, in der Sonne dösen – und auf das herrliche Meer blicken."
"Aber das tu ich ja schon jetzt", sagte der Fischer, "ich sitze beruhigt am Hafen und döse, nur Ihr Klicken hat mich dabei gestört." Tatsächlich zog der solcherlei belehrte Tourist nachdenklich von dannen, denn früher hatte er auch einmal geglaubt, er arbeite, um eines Tages einmal nicht mehr arbeiten zu müssen, und es blieb keine Spur von Mitleid mit dem ärmlich gekleideten
70 Fischer in ihm zurück, nur ein wenig Neid.

Arbeitsaufträge zu **"Anekdote zur Senkung der Arbeitsmoral"**

1. a) Notiere eine aussagekräftige Überschrift. **1 P**

   b) In Zeile 67 heißt es, daß der Tourist nachdenklich von dannen zieht. Schreibe in der Ich-Form einige Gedanken auf, die er nach dieser Begegnung gehabt haben könnte. **4 P**

   c) Begründe knapp, warum der Tourist "keine Spur von Mitleid" mit dem Fischer spürte, sondern "nur ein wenig Neid". **3 P**

2. a) Heinrich Böll stellt die beiden Personen immer gegenüber. Lies nach und notiere stichpunktartig passende Eigenschaftswörter.

	Fischer	Tourist
Verhalten:		
Einstellung:		

   3 P

   b) Im ersten und im letzten Satz wird die "ärmliche Kleidung" des Fischers erwähnt. Mit welcher Absicht hat dies der Dichter wohl gemacht? **2 P**

3. In den Zeilen 68/69 heißt es: "... er arbeite, um eines Tages nicht mehr arbeiten zu müssen ..." Es gibt andere Gründe, warum Menschen arbeiten. Notiere 3 begründete Antworten auf die Frage, warum Du nach der Schule eine Ausbildung beginnst. **6 P**

4. Manche Menschen, auch schon junge Leute, können mit der Freizeit, die ihnen zur Verfügung steht, wenig anfangen.
   Verfasse einen Aufruf für eine Schülerzeitung, der drei begründete Vorschläge enthält, wie Jugendliche ihr Leben sinnvoll gestalten können. (Umfang ca. 1 Seite) **6 P**

5. Eine Anekdote hat am Ende immer eine Pointe, ähnlich wie ein Witz. Schreibe zur folgenden kleinen Anekdote einen passenden Schluß: **3 P**

Sprechen Sie noch?
(*Sigismund von Radecki*)

Ein junger Anwalt hat sich ein wundervolles Arbeitszimmer eingerichtet. Zur Krönung des Ganzen hat er sich gestern ein Luxustelephon gekauft mit Elfenbeinmuschel, das vorläufig eindrucksvoll auf dem Schreibtisch steht.
Man meldet einen Kunden. Den ersten! Der junge Anwalt läßt ihn zuerst einmal – aus Grundsatz – eine Viertelstunde warten. Um auf den Kunden noch stärkeren Eindruck zu machen, nimmt er den Hörer ab und täuscht bei Eintritt des Mannes ein wichtiges Telephongespräch vor:
"Mein lieber Generaldirektor, wir verlieren ja nur Zeit miteinander ... Ja, wenn Sie durchaus wollen ... Aber nicht unter zwanzigtausend Mark ... Also schön, abgemacht ... Guten Tag!"
Er setzt den Hörer wieder auf. Der Kunde scheint tatsächlich sehr befangen zu sein. Fast verwirrt...

Punkte   **28**

Rein äußerlich
(Detlef Marwig)

Sie wäre nicht tragisch, die Geschichte, meint Irene, da sie ja nur mit ihrem Äußeren zu tun habe, meint sie.

Sie ist 1,52 klein, schwarzäugig und -haarig und würde auf dem Balkan und dem Vorderen Orient vermutlich kaum auffallen. Dennoch ist sie Deutsche und, wie ihre Eltern einst

5 nachweisen mußten, arisch.

"Aber das ist mir egal", sagte sie.

Im Supermarkt packt und zeichnet sie Fisch- und andere Konserven, Teigwaren und Feinkost aus, ordnet sie in Regale ein und hilft gelegentlich supermarktfremden Kunden bei der Suche.

Sie ist eine Halbtagskraft. Die zweite Hälfte des Tages schaltet sie um auf Hausfrau.

10 "Einer muß es ja machen", sagt sie.

Mit Putzeimern, Aufnehmern und dergleichen geht sie nicht um.

"Dafür werde ich zu schlecht bezahlt", sagt sie.

Auch mit den Kassiererinnen hat sie nichts zu tun.

"Wir bleiben unter uns, wir Halbtagskräfte", sagt sie.

15 Es begann damit, daß Irene so schön vor sich hin döste, denn der Laden war leer und gepackt hatte sie.

Da rief eine der Kassiererinnen, blond und blauäuig: "He, Sie!"

"He Sie! bin ich nicht", sagt Irene, und sie blieb deshalb sitzen. Das brachte die Kassiererin auf, und Empörung klang in ihrer Stimme mit, als sie einige Phon lauter quer durch den Laden

20 brüllte: "He Sie!!" "Ich dachte, die hat durchgedreht, das kann man nämlich schnell an der Kasse", sagt Irene. Aber sie blieb sitzen, denn wer sich aufregt, regt sich auch wieder ab, meint sie.

Die Kassiererin packte wilde Empörung, die ihrer Stimme ungeahnte Durchschlagskraft verlieh.

25 "He Sie, holen Sie sofort Wasser und machen Sie Lauge. Ich will hier putzen", rief sie, und dann schrie sie einige böse Worte über die, die "ausse Karpaten kommen und sich hier mausig machen".

"Jetzt ist ihr nicht mehr zu helfen, hab' ich gedacht", sagt Irene.

Sie ging ins Lager.

30 "Da hört man das Geschrei nicht so laut", sagt sie.

Da kam die Filialleiterin zu ihr und bat um Aufklärung. Die verweigerte Irene ihr nicht. Worauf die Filialleiterin zur Kassiererin ging und sie aufklärte.

"Da war die dann ruhig", sagt Irene.

Kurz vor Feierabend kam die Kassiererin dann zu Irene und war ein wenig verlegen.

35 "Entschuldigen Sie, bitte entschuldigen Sie vielmals", sagte sie, "ich habe geglaubt, Sie wären die kleine Türkin."

"Ich habe entschuldigt", sagte Irene, "was kann sie schließlich dafür, daß ich so aussehe."

Arbeitsaufträge zu **"Rein äußerlich"**

1. a) Irene meint, die Geschichte wäre nicht tragisch.

   Zitiere die beiden Stellen, wo sie ihren Standpunkt begründet. **2 P**

   b) Bist Du auch ihrer Meinung? Begründe Deine Entscheidung knapp. **3 P**

2. a) Warum erwähnt der Autor, daß die Kassiererin blond und blauäugig ist? **2 P**

   b) Beschreibe in einigen Sätzen die Einstellung der Kassiererin gegenüber ausländischen
   Mitbürgern. **3 P**

3. a) Irene kommt in der Geschichte zehnmal zu Wort. Jedesmal verwendet der Autor als
   Ankündigung das Wort "sagt". Die Kassiererin "brüllt", "ruft", "schreit".
   Erläutere, warum Detlef Marwig diese Unterscheidung macht. **2 P**

   b) In Zeile 35 wird das Wort "sagt" das einzige Mal auch für die Kassiererin verwendet.
   Warum? **1 P**

4. Zeile 31/32: "Worauf die Filialleiterin zur Kassiererin ging und sie aufklärte."
   Schreibe auf, was die Filialleiterin gesagt haben könnte. **4 P**

5. Die Kassiererin sagt am Schluß: "Entschuldigen Sie, bitte entschuldigen Sie vielmals."
   Ab hier hätte die Geschichte auch einen anderen Verlauf nehmen können.
   Setze die Geschichte fort. **5 P**

6. a) Urteil ---> **Vor**urteil. Erkläre knapp. **2 P**

   b) Auch in anderen Lebensbereichen gibt es Vorurteile. Beschreibe knapp eine solche
   Situation. (Umfang ca. 1/2 Seite) **4 P**

   _____

   Punkte **28**

Die Dame mit dem Strohhut
(Karl Hochmuth)

Wie immer
fuhr Francesco
mit seinem Wagen
auf der Autobahn
5 die neunundzwanzig Kilometer
bis zu seiner Wohnung,
wie immer
dachte er an Maria
und an Felice und den kleinen
10 Nicodemo,
wie immer
schaltete er bei der Steigung
einen Gang zurück,
als er
15 unversehens
von einem schweren Wagen er-
faßt wurde,
an dessen Steuer eine Dame saß
mit einem Strohhut,
20 himbeerfarben.
Francesco
wurde auf die Straße geschleu-
dert,
sein Wagen zertrümmert,
25 er nahm noch wahr,
wie sich die Dame mit dem him-
beerfarbenen Strohhut
über ihn beugte –
Er erwachte wieder
30 im Krankenhaus zu den tausend
Mühsalen,
wo der Schmerz sein Bruder blieb
für lange Wochen,
wo der Tag sich dehnte
35 wie der Strand an der Küste von
Apulien
und nur die Nacht
Barmherzigkeit versprach.
Sein Gesicht
40 war in weiße Binden verpackt
und das Lächeln fiel ihm schwer,
wenn Maria kam
und Felice und der kleine Nicodemo.
45 Und immer
wartete er
auf die Dame mit dem himbeer-
farbenen Strohhut
(die übrigens aus Göttingen
50 stammte

und in Soziologie promoviert*
hatte).
Doch
sie war längst wieder unterwegs,
55 ihr Wagen hatte zwar einige
Schrammen davongetragen
(Auch die Formalitäten machten
einigen Ärger),
schließlich hatte sie an anderes
60 zu denken
als an die Ungeschicklichkeit
eines einfältigen Italieners,
sie fuhr zu einem Forschungs-
kongreß
65 über Kommunikationsprobleme**
bei Gastarbeitern
in die Schweiz
aber
kurz vor der Grenze, bei Kon-
70 stanz
mißachtete sie an einer Kreuzung
die
Vorfahrt, so daß ihr ein Klein-
wagen in die Seite fuhr.
75 Bevor sie
in Ohnmacht fiel,
bemerkte sie,
daß sie wieder
mit einem Ausländer kollidiert ***
80 war,
gräßliches Pack ...
Ihr Klinikzimmer war groß
und ihre Schmerzen klein,
in den Vasen prangten Orchideen
85 und Iris
und der Tag
zwischen erstem und zweitem
Frühstück,
Mittagessen, Kaffee und
90 Abendbrot
war kurzweilig
und der Chefarzt nickte freundlich
und der Oberarzt und die Ober-
95 schwester.
Da
klopfte es
am dritten Tag
an ihre Türe
100 und ein kleiner Portugiese mit

einem großen Blumenstrauß
schob sich scheu ins Zimmer,
Manuel hieß er
und arbeitete bei der Städtischen
105 Müllabfuhr
und sagte
(und er stotterte dabei)

er sei ihr
bei Konstanz
110 an der Kreuzung, ja
in die Seite gefahren,
und er hoffe –
und bitte –
und wolle –

*   *Doktor-Titel machen*
** Verständigungsschwierigkeiten
*** zusammenstoßen

Arbeitsaufträge zu **"Die Dame mit dem Strohhut"**

1. a) Im ersten Satz kannst Du dreimal lesen: "wie immer".
      Mit welcher Absicht setzt der Autor dieses Sprachmittel der Reihung ein?   **2 P**
   b) Francesco liegt im Krankenhaus.
      Erkläre die folgenden Sprachbilder:
      – der Schmerz blieb sein Bruder
      – die Nacht versprach Barmherzigkeit   **4 P**

2. Erläutere, was sich Francesco von einem Besuch der Dame mit dem Strohhut erwarten
   könnte.   **2 P**

3. Ist Karl Hochmuth der Meinung, Italiener seien "ungeschickt" (Zeile 61) und "ein-
   fältig" (Zeile 62)? Begründe knapp Deinen Standpunkt.   **3 P**

4. a) Die Dame fährt zu einer Tagung über Verständigungsschwierigkeiten bei
      Gastarbeitern.
      Was sagst Du dazu?   **2 P**
   b) Zitiere zwei Stellen, an denen deutlich wird, was die Frau von Ausländern hält.   **2 P**

5. Der Autor arbeitet auch mit dem Stilmittel des Kontrastes, des Gegensatzes. Zweimal
   stellt er die Wörter "groß" und "klein" direkt gegenüber.
   Lies im Text nach und erkläre die Absicht des Autors.   **3 P**

6. Bei Francesco entschuldigt sich die Dame nicht, bei Manuel bedankt sie sich nicht ...
   Setze die Geschichte fort, wenn die Dame durch den Besuch von Manuel zum Nachdenken gekommen wäre.   **5 P**

7. Erläutere, warum das vorsätzliche Sich-Entfernen vom Unfallort von Gerichten hart
   bestraft wird.   **5 P**

   _____

   Punkte   **28**

Das Fenster-Theater
(Ilse Aichinger)

Die Frau lehnte am Fenster und sah hinüber. Der Wind trieb in leichten Stößen vom Fluß herauf und brachte nichts Neues. Die Frau hatte den starren Blick neugieriger Leute, die unersättlich sind. Es hatte ihr noch niemand den Gefallen getan, vor ihrem Haus niedergefahren zu werden. Außerdem wohnte sie im vorletzten Stock, die Straße lag zu tief unten. Der Lärm rauschte nur
5 mehr leicht herauf. Alles lag zu tief unten. Als sie sich eben vom Fenster abwenden wollte, bemerkte sie, daß der Alte gegenüber Licht angedreht hatte. Da es noch ganz hell war, blieb dieses Licht für sich und machte den merkwürdigen Eindruck, den aufflammende Straßenlaternen unter der Sonne machen. Als hätte einer an seinen Fenstern die Kerzen angesteckt, noch ehe die Prozession die Kirche verlassen hat. Die Frau blieb am Fenster.
10 Der Alte öffnete das Fenster und nickte herüber. Meint er mich? dachte die Frau. Die Wohnung über ihr stand leer, und unterhalb lag eine Werkstatt, die um diese Zeit schon geschlossen war. Sie bewegte leicht den Kopf. Der Alte nickt wieder. Er griff sich an die Stirne, entdeckte, daß er keinen Hut aufhatte, und verschwand im Innern des Zimmers.
Gleich darauf kam er in Hut und Mantel wieder. Er zog den Hut und lächelte. Dann nahm er
15 ein weißes Tuch aus der Tasche und begann zu winken. Erst leicht und dann immer eifriger. Er hing über die Brüstung, daß man Angst bekam, er würde vornüberfallen. Die Frau tat einen Schritt zurück, aber das schien ihn nur zu bestärken. Er ließ das Tuch fallen, löste seinen Schal vom Hals – einen großen bunten Schal – und ließ ihn aus dem Fenster wehen. Dazu lächelte er. Und als sie noch einen weiteren Schritt zurücktrat, warf er den Hut mit einer heftigen
20 Bewegung ab und wand den Schal wie einen Turban um seinen Kopf. Dann kreuzte er die Arme über der Brust und verneigte sich. Sooft er aufsah, kniff er das linke Auge zu, als herrschte zwischen ihnen ein geheimes Einverständnis. Das bereitete ihr so lange Vergnügen, bis sie plötzlich nur mehr seine Beine in dünnen, geflickten Samthosen in die Luft ragen sah. Er stand auf dem Kopf. Als sein Gesicht gerötet, erhitzt und freundlich wieder auftauchte, hatte sie schon
25 die Polizei verständigt.
Und während er, in ein Leintuch gehüllt, abwechselnd an beiden Fenstern erschien, unterschied sie schon drei Gassen weiter über dem Geklingel der Straßenbahnen und dem gedämpften Lärm der Stadt das Hupen des Überfallautos. Denn ihre Erklärung hatte nicht sehr klar und ihre Stimme erregt geklungen. Der alte Mann lachte jetzt, so daß sich sein Gesicht in tiefe Falten
30 legte, streifte dann mit einer vagen Gebärde darüber, wurde ernst, schien das Lachen eine Sekunde lang in der hohlen Hand zu halten und warf es dann hinüber. Erst als der Wagen um die Ecke bog, gelang es der Frau, sich von seinem Anblick loszureißen.
Sie kam atemlos unten an. Eine Menschenmenge hatte sich um den Polizeiwagen gesammelt. Die Polizisten waren abgesprungen, und die Menge kam hinter ihnen und der Frau her. Sobald
35 man die Leute zu verscheuchen suchte, erklärten sie einstimmig, in diesem Hause zu wohnen. Einige davon kamen bis zum letzten Stock mit. Von den Stufen beobachteten sie, wie die Männer, nachdem ihr Klopfen vergeblich blieb, und die Glocke allem Anschein nach nicht funktionierte, die Tür aufbrachen. Sie arbeiteten schnell und mit einer Sicherheit, von der jeder Einbrecher lernen konnte. Auch in dem Vorraum, dessen Fenster auf den Hof sahen, zögerten
40 sie nicht eine Sekunde. Zwei von ihnen zogen die Stiefel aus und schlichen um die Ecke. Es war inzwischen finster geworden. Sie stießen an einen Kleiderständer, gewahrten den Lichtschein am Ende des schmalen Ganges und gingen ihm nach. Die Frau schlich hinter ihnen her.
Als die Tür auflog, stand der alte Mann mit dem Rücken zu ihnen gewandt noch immer am
45 Fenster. Er hielt ein großes weißes Kissen auf dem Kopf, das er immer wieder abnahm, als bedeutete er jemandem, daß er schlafen wolle. Den Teppich, den er vom Boden genommen hatte, trug er um die Schultern. Da er schwerhörig war, wandte er sich auch nicht um, als die Männer schon knapp hinter ihm standen und die Frau über ihn hinweg in ihr eigenes finsteres Fenster sah.
50 Die Werkstatt unterhalb war, wie sie angenommen hatte, geschlossen. Aber in die Wohnung oberhalb mußte eine neue Partei eingezogen sein. An eines der erleuchteten Fenster war ein

Gitterbett geschoben, in dem aufrecht ein kleiner Knabe stand. Auch er trug sein Kissen auf dem Kopf und die Bettdecke um die Schultern. Er sprang und winkte herüber und krähte vor Jubel. Er lachte, strich mit der Hand über das Gesicht, wurde ernst und schien das Lachen eine Sekunde
55   lang in der hohlen Hand zu halten. Dann warf er es mit aller Kraft den Wachleuten ins Gesicht.

Arbeitsaufträge zu **"Das Fenster-Theater"**

1. Erfinde eine andere Überschrift.   **1 P**

2. a) Fasse den 3. Absatz und dann den letzten Absatz in wenigen Sätzen zusammen.   **4 P**

   b) Notiere die möglichen Gedanken der Frau, bevor sie die Polizei verständigte.   **3 P**

3. An zwei Stellen spricht Ilse Aichinger davon, daß der alte Mann "das Lachen in der hohlen Hand zu halten schien und es dann hinüberwarf" bzw. der Junge "den Wachleuten sein Lachen ins Gesicht warf". Wie sind diese Wendungen Deiner Meinung nach zu verstehen?   **3 P**

4. Zeilen 1/2: "Der Wind trieb in leichten Stößen vom Fluß herauf und brachte nichts Neues."
   Zeile 47: "Da er schwerhörig war, wandte er sich auch nicht um, ..."
   Kann man in einer großen Stadt einsam sein? Entscheide und begründe Deine Entscheidung. (Umfang ca. 1/2 Seite)   **4 P**

5. Eigentlich spielt sich doch gar nichts Besonderes ab, aber "der starre Blick der neugierigen Frau ist unersättlich". (Vergleiche Zeilen 2/3)
   Nimm kurz Stellung zu dieser Aussage.   **3 P**

6. Berichte über eine Situation, wo Du ein tatsächliches Geschehen falsch eingeschätzt und dann vorschnell geurteilt hast.   **4 P**

7. "Neugierig zu sein ist wichtig – Neugierig zu sein ist gefährlich!"
   Schreibe einen Artikel für eine Schülerzeitung, in dem Du für die beiden Behauptungen je ein überzeugendes Beispiel bringst.
   (Umfang ca. 1 Seite)   **6 P**

   _____
                                                                    Punkte   28

49

Vorbei ist fast nichts
(Renate Welsh)

Als Karla in den Klub kam, saß neben Jutta ein eher kleiner, zarter Blonder. Er trug eine schwarze Lederjacke mit silbernen Nieten.
"Sag mir bloß, was du dir dabei denkst." Bert stippte mit dem Mittelfinger die Nieten auf dem Kragen an. "Sag mir bloß, warum du das trägst."
5 "Gefällt mir eben."
"Einfach so?"
"Stört's dich?"
"Weißt du überhaupt, was das ist?"
"Für wie blöd hältst du mich eigentlich?" fragte der Blonde. "Klar weiß ich, daß das eine SS-
10 Rune* ist."
Ich bin blöd, dachte Karla. Sie hatte die Nieten einfach für ein Muster gehalten.
"Und so was trägst du?"
"Wie du siehst."
Jutta schaltete sich ein : "Manfred meint das nicht so. Nicht so – so politisch."
15 "Wie denn?" fragte Bert.
"Natürlich meine ich es so. Ganz genau so."
Manfred fuhr mit dem Zeigefinger die Rune nach.
"Jetzt sag noch, du wärst zur SS gegangen!"
"Wäre ich auch. Die waren immerhin Männer."
20 "Große Helden, was? Man muß schon ein großer Held sein, um jüdischen Babies die Köpfe an der Wand einzuschlagen!"
"Das ist doch Greuelpropaganda**. Nicht einmal die Hälfte davon stimmt."
"Das wäre immer noch mehr als genug."
"Ich glaub's nicht. Es gibt Beweise, daß das alles die Amis erfunden haben."
25 Jutta legte Manfred die Hand auf den Arm. "Hört doch auf. Immer nur die blöde Politik. Wie mein Vater. Das steht mir bis da. Und was hat das mit uns zu tun?"
Bert fuhr sie an: "Eine ganze Menge! Solange es Trottel wie Manfred gibt, kann es wieder losgehen."
"Du nennst mich einen Trottel?"
30 "Ja! Das heißt: nein. Wer damals denen reingefallen ist, der war vielleicht ein Trottel. Der hat es möglicherweise nicht besser gewußt. Das kann ich nicht beurteilen. Aber wer sich heute für so was hergibt ..."
Manfred sprang auf, holte aus und schlug Bert ins Gesicht. Bert schlug zurück. Beide wälzten sich auf dem Boden. Stühle fielen um.
35 Jutta kreischte: "Aufhören!"
Erwin und Angelika lösten sich voneinander. Erwin versuchte, Manfred und Bert zu trennen. Er bekam ein Knie in den Magen gerammt.
Dann lag Manfred auf dem Boden, und Bert kniete über ihm. Plötzlich stand Bert auf. Er klopfte sich den Staub von den Jeans.
40 Manfred sah er überhaupt nicht an.
"Du warst gut", sagte Erwin.
Bert schüttelte den Kopf.
"Ich möchte wissen, was das soll", sagte Jutta
"Und ich möchte wissen, wie du zu so einem Kerl kommst", sagte Bert. Er wirkte wie einer,
45 den man auf den Kopf geschlagen hat. Er blickte von einem zum anderen.
Manfred kam frisch gekämmt und gewaschen von der Toilette. Er sah nur Jutta an. "Kommst du mit?"
Jutta stand zögernd auf, blickte einen nach dem anderen an.
Niemand sagte etwas. Sie warf den Kopf zurück und nahm Manfreds Hand. Sie gingen.
50 "Beschissen ist es schon", sagte Walter. "Alles."
"Auch, daß man dann zuschlägt", sagte Bert.
"Manchmal bleibt einem nichts anderes übrig", sagte Erwin.

Bert drehte sein Glas. "Ändert nur nichts."
"Nein."
55 Sie tranken aus.
Karla hatte das Gefühl, bei einer Prüfung durchgefallen zu sein.
Aber warum bloß? Was hatte das alles mit ihr zu tun? Ihre eigenen Probleme genügten ihr. Voll und ganz.
"Vorbei ist überhaupt fast nichts", sagte Walter.
60 Bert nickte. "Haben wir ja eben gesehen. Daß es nicht vorbei ist."
Aus dem Abend wurde nichts mehr. Sie gingen dann auch bald.

   *   *SS-Rune:* Zeichen der Schutzstaffel, einer politischen Kampftruppe im Dritten Reich
  ** *Greuelpropaganda:* Propaganda: unwahre oder entstellende Behauptungen mit dem Ziel der Beeinflussung

Arbeitsaufträge zu **"Vorbei ist fast nichts"**

1. a) Begründe, warum die Dichterin Walter's Satz am Ende der Geschichte als
Überschrift ausgewählt hat. **3 P**
   b) Erfinde selbst eine aussagestarke Überschrift. **1 P**

2. Lies die Zeilen 5 bis 8 noch einmal. Renate Welsh kündigt das wörtlich Gesprochene
nicht mit Wörtern wie "sagte" an. Mit welcher Absicht tut sie das? **2 P**

3. a) Manfred fühlt sich angegriffen.
Zitiere zwei Stellen, die dies belegen. **2 P**
   b) Bert sagt: "... wer sich heute für sowas hergibt ..."
Erläutere knapp, was er mit "sowas" wohl gemeint hat. **3 P**

4. "Jutta stand zögernd auf ...". Notiere einige Gedanken, die dem Mädchen nach diesem
Vorfall durch den Kopf gegangen sein könnten. **3 P**

5. Lies die Zeilen 51/52 noch einmal nach.
Begründe, warum Bert sich überhaupt nicht wohl fühlt, obwohl er doch als "Sieger" aus
dem "Kampf" hervorgegangen ist. **2 P**

6. Im Text ist einmal von "großen Helden" die Rede.
Beschreibe eine Situation, wo sich jemand Deiner Meinung nach **wirklich** als Held erwie-
sen hat. (Umfang ca. 1/2 Seite) **4 P**

7. "Gewalt löst keine Probleme". Schreibe einen Leserbrief für eine Tageszeitung, in dem
Du zu dieser Aussage Stellung nimmst. (Umfang ca. 1 Seite) **8 P**

Punkte   **28**

Morgen beginnt heute
(Unbekannte Verfasser)

"Früher war ich ziemlich verklemmt. Aber jetzt, ich gehe gerade da hin, wo mir's paßt, und quatsch' die Leute an. Also im Heim, da war schon klar, ich muß mich irgendwie zusammen-reißen. Mit 13 bin ich reingekommen und mit 14 1/2 Jahren wieder raus. Und in den 1 1/2 Jahren, da habe ich verdammt viel Erfahrungen gemacht. Da waren Leute, die haben die gleichen

5   Probleme wie ich oder noch mehr Probleme und verhalten sich total anders. Ich meine, die wollen niemand sein, was sie auch nicht sind und was sie auch gar nicht können. Die Erzieher da, die kannst du abschminken. Wenn du Probleme hattest, hast du am liebsten mit einer Freundin darüber geredet, also, wenn du mit ihr über sowas reden konntest oder mit einem Kumpel ..."

10   "Ich hab' vorher mehr oder minder gesagt, wenn ich's nicht mache, macht's meine Mutter, z.B. wenn ich mein Zimmer nicht aufräume oder den Papierkorb nicht leere, macht's meine Mutter. Wenn ich was vergesse, erinnert mich meine Mutter. Das ist ganz einfach witzlos. Ich muß das mal selbst erleben, wenn man dann mal auf die Schnauze fällt; ich meine, das ist glaube ich ganz lehrreich... Nein, ich bin nicht direkt auf die Schnauze gefallen, nur ich habe, also als ich es mir

15   mal fest vorgenommen habe, weil ich jemanden kennengelernt habe, 'ne Freundin von mir bzw. 'ne ehemalige, die war 14, und ich war damals schon 16, die war mir soviel weiter voraus, die hat also schon mit 14 – ihre Eltern sind beide berufstätig gewesen – so mehr oder minder selbst gekocht, selbst eingekauft, ihre Klamotten selbst geholt. Und ich habe dann damals versucht, dasselbe zu erreichen, weil es mir irgendwie imponiert hat ..."

20   "Während der Schulzeit habe ich mich viel mehr engagiert, auch politisch. Da hab' ich Hausaufgabenhilfe für türkische Kinder gemacht. Dann hab' ich nachmittags im Stadtjugendring mitgearbeitet und Behindertenbetreuung und so was. Und dann war ich im Turnverein, Basketballverein. Die Freizeit war ausgefüllt. Aber als ich nach der 10. Klasse in die Lehre bin, ab da hat sich das reduziert. Das hat sich immer weiter reduziert, daß ich jetzt erst mal sehen

25   muß, daß ich meinen eigenen Kram fertig kriege ..."

"Ich sage mir o.k., 'nen Freund, auf der einen Seite schön und gut. Aber ich bin doch irgendwie nicht mehr frei, und ich sag' mir, bevor ich mit einem Jungen zusammen bin, dann soll's auch wirklich jemand sein, den ich wirklich sehr gerne habe, und nicht nur, um sagen zu können, ich finde ihn ganz nett, und Hauptsache, ich hab' 'nen Freund. Der richtige ist da im Moment nicht

30   da, und ich sag' mir, bevor ich irgendeinen anderen nehme, ich finde es blöd, ich bin ja schließlich noch keine 16 ..."

"Am liebsten bin ich mit meinem Freund zusammen. In der Gruppe gibt es meistens Streit. Mit meinem Freund gibt es höchstens mal so einen kleinen Krach, also das ist kaum was, Mißverständnisse, aber sonst ist da nix und kein Krach ... "

35   "Die Beziehung zu X ist mir echt wichtig. Da bin ich glücklich, kann ihr auch alles erzählen, das ist echt die Erfüllung. Harmonie, wenn sie nicht wäre, wäre ich längst abgehauen, in die Natur, auf irgendeine Insel, als Fischer ... kein Geld verdienen, einfach leben, daß ich mal weiß, was ich mache, und nicht das, was mir keinen Spaß macht ..."

"Ich habe nichts Festes vor, irgendwas machen, mit Natur, mit rumreisen, irgendwas erfor-
40   schen. Ich fühle mich irgendwie hingezogen zur Natur. Beim Arbeitsamt haben sie mir gesagt, ich könnte ja Gärtner werden, oder Waldarbeiter ... Aber ich meine es schon anders, so forschen, über Tiere, oder Wälder untersuchen. Das sind meine Vorstellungen, aber ich weiß genau, daß ich das nicht machen kann ..."

"Ich möchte mir gern einen anderen Platz zum Leben aussuchen. Ich würde mir z.B. erst mal
45   einen Platz in Amerika suchen. Weil ich mich darüber schon informiert habe und weil ich hoffe,

daß die Natur da noch unberührt ist. Dann kann man dort relativ gute Sachen selber anbauen und selber essen, also eigentlich Vorstellungen wie im Bilderbuch. Ich habe einfach Lust, was ganz anderes zu machen als das, was ich jetzt mache ..."

50 "Ich weiß die Grenze auch nicht so genau, wann man wirklich erwachsen ist. Weil, ich denk' mir oft, so hättest du vor fünf oder sieben Jahren auch reagiert, da hat sich eigentlich nicht viel verändert. Die Lehre war schon ein einschneidendes Erlebnis, wo sich viel verändert hat, und das liegt effektiv an der Zeit ..."

"Also erwachsen bin ich nicht. Ich möchte im Grunde genommen auch gar nicht erwachsen sein. Da hat man dann so furchtbar viel Sachen, die man machen muß, und Verantwortung und 55 so, also ich würde ganz gern so bleiben, wie ich bin. Also andererseits, diese Abhängigkeit macht mir schon irgendwie zu schaffen, aber es ist doch bequemer, als wenn ich da selbst was machen müßte. Ich meine, so 'ne eigene Wohnung, das würde vielleicht noch klappen, aber so alle Verantwortung, die man hat, das ist mir viel zu viel. Erwachsensein verbinde ich mit ziemlich viel Last. Die 18 ist nicht für mich unbedingt die magische Zahl, daß ich jetzt 60 unbedingt 18 sein will ..."

Arbeitsaufträge zu **"Morgen beginnt heute"**

1. Erläutere knapp die Überschrift. **2 P**

2. Erkläre folgende im 3. Absatz verwendete Fremdwörter:

   – engagiert   – reduziert

   Die Stellung der Wörter im Text kann Dir helfen. **2 P**

3. a) Welche Kernaussagen enthalten der 2. und der 6. Absatz? **4 P**

   b) In den ersten drei Zeilen des 2. Absatzes ist dreimal von der Mutter des Mädchens die

      Rede. Welcher Erziehungsfehler wird hier angeprangert und welche Folgen kann

      dieser Fehler haben? Nimm Stellung. **5 P**

   c) In der letzten Aussage sind Widersprüche enthalten. Formuliere in eigenen Worten

      diese Gedanken bzw. Aussagen. **3 P**

4. Im 4. Absatz ist die Rede von einem Freund.

   Schreibe einen Brief, in dem Du deutlich machst, was Du von einem wirklichen Freund

   erwartest.

   Sprich den gedachten Partner wirklich an. (Umfang 1 Seite) **6 P**

5. "Mit 18 beginnt der Ernst des Lebens!"

   Stimmst Du dieser Aussage zu?

   Entscheide Dich und begründe Deinen Standpunkt! **6 P**

   _____

   Punkte   28

... schön ist es auf der Welt zu sein ...
(Verschiedene Verfasser)

Text 1

Ein gelähmter Junge lacht uns an. Mancher Gesunde hat das Lachen längst verlernt. Zum Glücklichsein gehört mehr als nur gesunde Beine. Stop!
Der Junge im Rollstuhl heißt Anton. Was er nicht in den Beinen hat, hat er im Kopf. Ein altes Sprichwort mit neuem Sinn. Und er weiß, was er will. Die Mutter sagt: Der Junge hat einen
5 Dickkopf. Er hat sich nie anders erlebt als mit untauglichen Beinen. Für ihn ist das nun mal so. Das Rennen der Spielkameraden ersetzt er mit seinem "Renner".
Die Beine werden so bleiben. Der Dickkopf wird bleiben. Anton wird manchmal auf die Hilfe anderer angewiesen sein. Vielleicht öfter als andere. Er wird dadurch auch Freunde gewinnen. Er wird manche, die herumlaufen können, nachdenklich machen. Sein Anblick will verarbeitet
10 werden. Ein kranker Mensch ist keine defekte Maschine.
Zum Leben gehört mehr als nur laufen können. Zum Glücklichsein mehr als nur gesunde Beine.

Text 2

"Die Türkei, Papa, sagst Du, ist unsere Heimat. Aber dort sprechen sie doch nicht deutsch, wie bei uns hier ..."
Habib Bektas

Ich stelle mich vor: Ich bin türkisch, die Eltern sind 25 Jahre in der Bundesrepublik
5 Deutschland. Ich bin hier geboren worden. Ich habe die deutsche Schule besucht. Ich spreche türkisch, aber noch besser deutsch. Meine Schulkameraden, meine Freunde, meine Freundin – Deutsche. Ich denke und träume deutsch. Die Türkei, das Land meiner Väter, meiner Religion, ist weit weg. Ich lebe zwischen Duisburg und Berlin den Alltag des deutschen Durchschnittsjugendlichen.
10 Mich interessieren Fußball, Disco, Mädchen, Beruf und Geld. Ich fahre gern in Urlaub und finde Sonne schön. Und ich fühle mich hier eigentlich wohl. Trotz allem. Denn hier geht es mir besser. Das stelle ich mir vor.
Und dann geht die freie Fahrt ins Ausweglose eigentlich erst los. Bin ich Türke, bin ich Deutscher? In welcher Sprache bin ich zu Hause? Wie fühle und denke ich? In meinem Ausweis
15 steht Türke. Bin ich es, ein halber, ein viertel oder nur ein Mußtürke? Wäre ich gern ein viertel, ein halber oder ein dreiviertel Deutscher?

Text 3

"Traurige Kinder können mich zu Tränen rühren", sagt ein im dicken Alltagsgeschäft sonst gefühlsfreier Wohlstandsvertreter. Einer von denen, die stets ein verklemmtes bißchen stolz darauf sind, "eiskalt" zu sein. "Cool", wie das neudeutsch heißt. Einer, dem fremdes Leid viel zu weit weg ist. Einer, den auch Leid in nächster Nachbarschaft nur unwesentlich beeindruckt.
5 Weil er Wichtigeres zu tun hat. Einer, dem fremde Kinder einfach auf die Nerven gehen. Weil sie lästig und zu laut sind: "Was gehen mich fremder Leute Rotznasen an?" Aber Kindertränen in Großaufnahme – da macht es klick zwischen Magengrube und Großhirnrinde. Da sondert die verleugnete Abteilung Gefühle, sanfte Mitleidswellen ab, kleine Schübe Menschen-freundlichkeit. Da wird der verschüttete weiche Kern angeblitzt. Aber keine Bange – da bleibt
10 nichts nach. Da gibt's keine Seelenbeulen. Kinder zum Anfassen dürfen weiter unbeachtet und unbemitleidet heulen. Denn sie machen vor allem Lärm, der stört.

Arbeitsaufträge zu **"... schön ist es auf der Welt zu sein ..."**

Arbeitsaufträge zu Text 1

1. a) "Zum Glücklichsein gehört mehr als nur gesunde Beine."
   Erläutere näher, warum Du dieser Aussage zustimmen könntest.   **4 P**

   b) Zeige eine Möglichkeit auf, ein körperbehindertes Kind möglichst "normal"
   an Deinem Leben teilnehmen zu lassen.   **3 P**

Arbeitsaufträge zu Text 2

2. a) Die erste Aussage von Habib Bektas macht nachdenklich; warum?   **3 P**

   b) Habib lebt den Alltag des deutschen Durchschnittsjugendlichen.
   Beschreibe eine Situation, in der deutlich wird, daß dieser Alltag manchmal
   doch anders ist.   **3 P**

   c) Schreibe Habib Bektas einen kurzen Brief, in dem zwar die Fragen nicht
   beantwortet werden, aber der sicherer macht. (Umfang ca. 1/2 Seite)   **4 P**

Arbeitsaufträge zu Text 3

3. a) Erläutere knapp, warum viele Menschen von Leid, das sie auf dem Bildschirm
   sehen, nicht berührt sind?   **3 P**

   b) Im Text ist von "verleugneten Gefühlen" die Rede. Bist Du der Meinung, daß man
   Gefühle wie Freude, Trauer, Enttäuschung, Stolz lieber nicht zeigen sollte oder
   eben doch?
   Nimm Stellung!   **5 P**

   c) Beschreibe knapp eine Situation, durch die Kinder bleibende "Seelenbeulen"
   erhalten.   **3 P**

   _____

   Punkte   **28**

Augen der Großstadt

Wenn du zur Arbeit gehst
am frühen Morgen,
wenn du am Bahnhof stehst
mit deinen Sorgen:
5   da zeigt die Stadt
dir asphaltglatt
im Menschentrichter
Millionen Gesichter;
Zwei fremde Augen, ein kurzer Blick,
10   die Braue, Pupillen, die Lider –
Was war das? Vielleicht dein Lebensglück...
vorbei, verweht, nie wieder.

Du gehst dein Leben lang
auf tausend Straßen;
15   du siehst auf deinem Gang,
die dich vergaßen.
Ein Auge winkt,
die Seele klingt;
du hast's gefunden
20   nur für Sekunden ...
Zwei fremde Augen, ein kurzer Blick,
die Braue, Pupillen, die Lider –
Was war das? Kein Mensch dreht die Zeit zurück ...
vorbei, verweht, nie wieder.

25   Du mußt auf deinem Gang
durch Städte wandern;
siehst einen Pulsschlag lang
den fremden Andern.
Es kann ein Feind sein,
30   es kann ein Freund sein,
es kann im Kampfe dein
Genosse sein.
Es sieht hinüber
und zieht vorüber ...
35   Zwei fremde Augen, ein kurzer Blick,
die Braue, Pupillen, die Lider –
Was war das? Von der großen Menschheit ein Stück!
Vorbei, verweht, nie wieder.

Kurt Tucholsky

Arbeitsaufträge zu **"Augen der Großstadt"**

1. a) Alle drei Strophen enden gleich:
   "Vorbei, verweht, nie wieder."
   Erläutere knapp, warum Kurt Tucholsky diesen Schluß gewählt hat. **2 P**

   b) In allen drei Strophen bricht der Dichter ab und macht nur Pünktchen. Erkläre für **eine** Strophe, mit welcher Absicht er dies wohl tut. **2 P**

2. In der ersten Strophe wird das Sprachmittel der Metapher eingesetzt:
   "asphaltglatte Straße"
   "Menschentrichter"
   "Millionen Gesichter"
   Erkläre 2 dieser Metaphern. Was will der Dichter ausdrücken? **4 P**

3. a) Insgesamt 14mal kommen die Wörter "Du" bzw. "Dein" vor; was wird Deiner Meinung nach dadurch bewirkt? **2 P**

   b) Das gesamte Gedicht ist in der Gegenwart geschrieben. Nur die Frage, die dreimal gestellt wird, steht in der Vergangenheit. Warum? **2 P**

4. Erläutere knapp, warum Tucholsky Deiner Meinung nach die "Augen", den "kurzen Blick" erwähnt und nicht z.B. den Körper oder den Gang. **2 P**

5. "Auch unter vielen Menschen kann man sehr einsam sein." Teilst Du diese Feststellung? Begründe Deine Entscheidung. (Umfang ca. 1/2 Seite) **4 P**

6. Erläutere und begründe, warum viele Menschen, die nicht in der Großstadt geboren bzw. aufgewachsen sind, auch in Zukunft nicht dort leben wollen. (Umfang ca. 1/2 Seite) **5 P**

7. Beschreibe eine der folgenden Situationen näher:
   – Vor Weihnachten im Kaufhaus!
   – Zu spät aufgestanden! **5 P**

   Punkte   **28**

Text 1

Der Mann, den ich erlegt hatte
(Gerd Gaiser)

... Laßt die Knallerei, Leute, kommt heraus, der Wald ist umstellt, ihr könnt nichts mehr machen. So ähnlich sagte ich ein paarmal, aber eine Antwort kam nicht, außer daß es knackte und knisterte in dem Reisighaufen, davon merkte man, daß da Leben drin war. Ob aber nur einer drinsteckte oder alle drei, und wie viele davon Waffen hatten, das konnte ich nicht wissen. Als
5 es so still blieb, schoß ich, aber ich schoß in die Luft, um die Kollegen herbeizuziehen, und dann hörte ich tiefer hinten im Wald auch ein Geknalle, und ich fragte mich, ob sie mir antworten wollten oder ob die dort auch aneinander waren. Da schoß es wieder aus dem Reisig, zwei Schüsse schnell hintereinander, und sofort schoß ich dagegen, denn ich hatte mir jetzt den Punkt gemerkt, und setzte dann aus und rief noch einmal. Aber es mußten Anfänger sein, Dummköpfe,
10 die nicht wußten, worauf sie es ankommen ließen, oder ein ganz schwerer Hund darunter. Das Knallen ging hin und her, ich schoß in gleichmäßigen Abständen, stieß einen neuen Ladestreifen hinein und schoß noch einmal gegen die eine Stelle, bis ich einen Laut hörte, und von da an besann ich mich nicht mehr; es war die Lust, die Lust, fertigzumachen, bis die letzte Hülse herausfiel; und dann drückte ich noch einmal einen Streifen hinein und ging wieder in Anschlag
15 und rief: Habt ihr noch nicht genug? Heraus jetzt! – Denn es war jetzt ein Schein in der Luft, ein Dunst, der aufgeregt machte. Eine Stimme rief: Wir ergeben uns. Was sollen wir tun? Werft die Pistole raus, rief ich, und dann kommt einzeln.
Die Büschel regten sich und schwankten auseinander, und da drin hockten zwei Burschen, die Anzüge voll von Ästchen und Rindensplittern, und einer hielt die Hände hoch und stand auf,
20 aber der andere kam nicht recht in die Höhe, und wie er die Hände anhob, kippte er und fiel nach vorwärts auf die Handflächen; an dem Reisig und auch an den Kleidern war Blut. Ich stieß die Pistole, die am Boden lag, mit dem Fuß fort und sagte noch einmal: So, habt ihr genug, ihr Kerle..., aber dann war auf einmal das Helle in der Luft fort, das den Kopf heizte, und das Blut auf dem Reisig sah böse aus, und ein Mißmut befiel mich.
25 Wer ist verwundet? fragte ich. Habt ihr beide was abgekriegt? Aber der eine schüttelte den Kopf und zeigte bloß auf den andern, und der hockte und wälzte sich, seine Hose hatte einen großen dunklen Fleck, und er stöhnte.
Die Herren Kollegen kamen den Wald herauf und brachten den dritten mit, den sie auch gestellt hatten, und nun sahen wir sie also alle beisammen, nichts Besonderes, sogar ein bißchen
30 mickerig. Gesichter wie andere auch, sozusagen ohne besondere Kennzeichen, und sie guckten auf die Seite, und einer hustete, und einer trat von einem Fuß auf den andern, als genierte er sich; getroffen war nur der aus dem Reisighaufen. Wir sahen nach und legten einen Verband an, so gut es ging; er hatte einen Schuß durch die Wade und einen zweiten seitwärts in der Hüfte, der war nirgends ausgetreten. – Sagt jetzt gleich, fragte ich im Verbinden, ist es der, der den
35 Wachtmeister Jakubek umgebracht hat? Oder wer von euch hat es getan? – Erst wollten sie nicht antworten, dann schüttelte einer den Kopf und sagte: Der da ist es nicht.
Ich saß also da im Wald, nachdem die Kollegen abgezogen waren mit den zwei andern, um das Krankenauto zu schicken, denn anfassen und tragen ließ er sich nicht, saß also im Wald und hatte die Beine gegen die alte Sandgrube hinunterhängen. Die Sonne wärmte, und die Fliegen
40 schwirrten herum, und der Mensch, den ich erlegt hatte, lag ganz nahe bei mir und wurde unruhig und wimmerte.
Willst du noch 'ne Zigarette haben, Ernst, fragte ich ihn, und er wollte eine und sagte: Danke, als ich sie ihm anbrannte. Er hieß Ernst, und da waren wir also im Wald zusammengetroffen, wir hatten uns nie vorher gesehen, und ich hatte es ihm verpaßt.
45 Hast du Eltern, Ernst? 'n Vater zu Hause?
Ja.
Die drei kamen aus dem Industrierevier. Dort hatten sie sich den Plan zurechtgemacht und den Wagen geschnappt. Sie wollten zum Bodensee hinunter, so hatten sie sich das ausgedacht. Ernst also hatte einen Vater, Vater und Mutter, Vater verdiente, zu Hause alles in Ordnung. Ernst
50 verdiente auch. Und so weiter, das ließ ich mir erzählen. Er sprach hastig, mit flachen Schnaufern, leicht als wäre er froh, mit jemand reden zu können.

Was meinst du, Ernst, was dein Vater sagen wird, wenn er von dir hört?

Er wimmerte: Sagen Sie es nicht, Herr Wachtmeister. ...

Plötzlich hatte er dann die Nase so spitz im Gesicht und sah kleiner und älter aus. Wahrschein-
55 lich kennen Sie es, im Krieg sind ja auch Leute gestorben, aber ich weiß nicht, es war so wenig
Lärm da in dem Wald und keiner mehr dabei außer mir. Erst da fuhr es mir nämlich durch den
Kopf, wie der Handel ablaufen würde. Ich ließ mir aber nichts merken und sagte: Willst du noch
mal 'ne Zigarette, Ernst? Er nickte und konnte aber dann offenbar nicht mehr viel sagen, nahm
die Zigarette auch nicht mehr ab und brachte bloß noch heraus: Mir ist sauschlecht, Herr
60 Wachtmeister. – Dann machte er den Mund nicht mehr auf und rutschte bloß noch ein wenig
mehr in sich hinein, und jetzt sah er aus, als könnte er etwas von mir erwarten, und ich schämte
mich, weil wir nichts sonst in unserem Vorrat haben und nichts anzubieten als eine Zigarette.
Ich bin zweiunddreißig, verheiratet, habe eine Oberschule besucht, aber nicht zu Ende, früher
wollte ich einmal Sportlehrer werden, ja, das fuhr mir durch den Kopf, und sonst haben wir
65 nichts im Vorrat, als daß wir sagen können: Willst du 'ne Zigarette? Ich hätte gewollt, wir hätten
nicht so allein bleiben müssen, und der Krankenwagen wäre eher gekommen. Ich probierte es
noch und sagte wenigstens: Das mit deinem alten Herrn, Ernst, hörst du, wir könnten da
vielleicht schon etwas fingieren, daß er es nicht erfährt – und rief ihn noch einmal und rührte
ihn an: Ernst! Ernst gab aber keine Antwort mehr und fiel vollends zusammen in seinen
70 Kleidern und kümmerte sich um mich gar nicht und wollte nicht, daß ich etwas mit ihm zu tun
hätte. So war es auch, ich hatte ja nichts mit ihm zu tun. Es war bloß im Dienst geschehen, er
konnte mir keinen Vorwurf machen, niemand konnte mir einen Vorwurf machen, ich mir selbst
auch nicht, es hatte nicht anders ablaufen können, ein anderer hätte es auch tun müssen; aber
ein anderer, merkwürdig, wäre eben ein anderer gewesen; so leicht geht der Tausch nicht; das
75 sitzt, das nimmt Ihnen keiner ab.

Text 2
Wir stoppten den Bandenkrieg
(Jerry Cotton)

...."Los, Boys," schrie ich, was meine Kehle hergab.

Im selben Augenblick stand ich auch schon breitbeinig mitten auf meinem Truck. Die Mündung meiner Tommy Gun zeigte schräg nach unten. Vor mir lagen sechs oder sieben Gangster, die Gesichter zu den Lücken ihrer Sandsackdeckungen, durch die sie das Feuer erwidert hatten.

5 "Waffen weg!" schrie ich sie an. "FBI!"

Sie warfen sich herum. Einer riß seinen Arm hoch. Ich konnte nicht sehen, in welcher Absicht er es tat, aber friedlich war sie bestimmt nicht. Der Finger meiner rechten Hand riß den Stecker zurück, bösartig tuckerte die Garbe aus meiner Tommy Gun mit hellem Mündungsfeuer zwei Meter vor mir in die Ladefläche. Der Gangster schrie spitz, sein Arm fiel zurück.

10 "Alle Scheinwerfer!" schrie ich in die Nacht.

Auf den Dächern wurde es hell. Ein paar Dutzend starke Polizeischeinwerfer erhellten den Kampfplatz.

"Rührt euch nicht und laßt die Pratzen von euren Kanonen!" sagte ich.

"Sonst wird das hier ein Leichenwagen!"

15 "Nicht schießen, G-man!" wimmerte einer. "Ich bin schwer verwundet!"

"Deine Schuld! Los, du da, steh auf! Aber laß deine Feuerspritze liegen!"

Der erste rappelte sich hoch. Ich hatte verdammt viel Mühe, sie alle gleichzeitig im Auge zu behalten, aber sie hatten die größere Angst vor meiner Tommy Gun, weil sie die Gefährlichkeit einer solchen Streuungswaffe genau kannten.

20 "Captain!" brüllte ich über die Sandsackbarriere hinweg.

"Aye, Cotton?" kam es von unserer Lagenreihe drüben.

"Schicken Sie Leute mit Handschellen!"

"Okay!"

Ich mußte im letzten Augenblick noch einmal meinen Finger krümmen. Ein Kerl, den man nur

25 als Selbstmordkandidat bezeichnen konnte, wollte mich aus einem Revolver ins Jenseits schicken. Meine Garbe kam ein paar Sekundenbruchteile schneller.

"Los, 'runter vom Wagen!" schrie ich sie an. "Nein, über die Sandsäcke!"

Es blieb ihnen nichts anderes übrig. Sie lagen auf der Seite im grellen Scheinwerferlicht, während ich mit schußbereiter Tommy Gun in ihrem Rücken stand. Einzeln, wie ich sie anrief,

30 sprangen sie über die Sandsackwand auf die Straße und streckten dort deutlich sichtbar ihre Gangsterärmchen in den Himmel. Zwei Mann blieben auf dem Wagen liegen. Sie würden nie wieder auf den dummen Gedanken kommen, gegen Geld sinnlos in der Gegend herumzuknallen. Durch die Lücken zwischen unseren Funkstreifenwagen kamen Männer in Uniformen auf die Lastwagenreihe zugerannt. Auf dem Wagen links von mir fielen zwei einzelne Schüsse.

35 Ich hechtete auf das Führerhaus meines Trucks und sah, wie einer meiner Kameraden seine Maschinenpistole fallen ließ, sich einmal um die eigene Achse drehte und schwer auf die Ladefläche fiel.

"Da!" schrie jemand, und sein ausgestreckter Arm zeigte im grellen Scheinwerferlicht auf mich. Ich sah vier Revolvermündungen hochfliegen. Schneller, als es sich sagen läßt, ratterte meine

40 Maschinenpistole.

Ich zog ihre Mündung zweimal in einer geraden Linie an der Sandsackbarriere des nächsten Wagens entlang. Ich nahm den Finger nicht vom Abzug, bis mein Magazin leer war.

Ersparen Sie mir die Schilderung. Als ich über den Kühler meines Wagens zum nächsten kletterte, den ich eben beschossen hatte, rührte sich nichts mehr auf der Ladefläche.

45 Ich legte meine Tommy Gun nieder und beugte mich über meinen Kameraden. In seiner Stirn waren zwei Löcher dicht nebeneinander.

Ich sah ihm stumm in das bleiche Gesicht. Dann schob ich das nächste Magazin meiner Tommy Gun ein.

Ich stand auf. Die Schießerei auf dem Lastwagen war vorüber. Auf der Straße zwischen den

50 beiden Wagenketten klickten Handschellen. Es wimmelte von Uniformen und Gangstern mit erhobenen Armen, die ergeben auf ihre Fesselung warteten.

"Die G-men zu mir!" schrie ich.

Und dann richtete ich meinen Blick auf die Toreinfahrt, wo es zu Lodgers Bandenhome ging.

Die erste Etappe dieses Bandenkrieges hatten wir hinter uns. Jetzt ging es in die nächste. ...

Arbeitsaufträge zu **"Den Mann, den ich erlegt hatte"** (Text 1)

1. a) "... es war die Lust, die Lust, fertig zu machen ..." (Zeile 13)
   " ... und ein Mißmut befiel mich ..." (Zeile 24)
   Lies die entsprechenden Textstellen noch einmal und erkläre knapp den Zusammenhang. **2 P**
   b) An einigen Stellen wird die Grundeinstellung des Wachtmeisters deutlich.
   Schreibe einige Gedanken auf, die ihm durch den Kopf gegangen sein könnten, nachdem
   er die Burschen gestellt hatte. **4 P**
   c) Zitiere zwei Textstellen, die deutlich machen, daß der Polizist versucht, sein Handeln
   vor seinem Gewissen zu rechtfertigen. **2 P**

Arbeitsaufträge zu **"Wir stoppten den Bandenkrieg"** (Text 2)

2. a) "Ich mußte im letzten Augenblick noch einmal meine Finger krümmen". (Zeile: 24)
   "Ich werde keinen Finger für Dich krümmen".
   Vergleiche, wie diese Redewendung im Text und im Alltag verwendet wird. **2 P**
   b) In Zeile 16 wird die Grundeinstellung des FBI-Mannes Jerry Cotton deutlich.
   Notiere einige Gedanken, die ihm in diesem Augenblick durch den Kopf gegangen
   sein könnten. **4 P**

Textvergleich

3. a) Wer wird als der unbesiegbare Superheld dargestellt? Zitiere eine Textstelle, die Deine
   Entscheidung belegt. **1 P**
   b) Jerry Cotton ist der "Held" in einer Krimiheftserie. Begründe knapp, warum es unvor-
   stellbar ist, daß es diesen Mann einmal selbst "erwischt". **3 P**
   c) Gerd Gaiser verwendet Begriffe wie:
   Schußwaffe – Hand
   Wie heißen diese Begriffe bei Jerry Cotton? **1 P**
   d) In Krimiheftchen werden viele Menschen umgebracht. Dabei ist z.B. die Rede von
   "ins Gras beißen lassen" oder "abknallen".
   Finde sechs weitere Ausdrücke, die häufig in diesem Zusammenhang verwendet werden. **3 P**

Gerd Gaiser	**Jerry Cotton**
... und einer hielt die Hände hoch und stand auf, aber der andere kam nicht recht in die Höhe ...	Einzeln, wie ich sie anrief, sprangen sie über die Sandsackwand auf die Straße und streckten dort deutlich sichtbar ihre Gangsterärmchen in den Himmel ...
... Dann machte er den Mund nicht mehr auf und rutschte bloß noch ein wenig mehr in sich hinein ...	... Zwei Männer blieben auf dem Wagen liegen. Sie würden nie wieder auf den dummen Gedanken kommen, gegen Geld sinnlos in der Gegend herumzu-knallen.

e)

Stelle diese vergleichbaren Situationen gegenüber, besonders in Hinblick auf die sehr
unterschiedliche Sprache.
Bewerte die Unterschiede. **6 P**

_____

Punkte   **28**

Text 1

Hiroshima

Der den Tod auf Hiroshima warf
Ging ins Kloster, läutet dort die Glocken.
Der den Tod auf Hiroshima warf
Sprang vom Stuhl in die Schlinge, erwürgte sich.
5 Der den Tod auf Hiroshima warf
Fiel in Wahnsinn, wehrt Gespenster ab
Hunderttausend, die ihn angehen nächtlich
Auferstandene aus Staub für ihn.

Nichts von alledem ist wahr.
10 Erst vor kurzem sah ich ihn
Im Garten seines Hauses vor der Stadt.
Die Hecken waren noch jung und die Rosenbüsche zierlich
Das wächst nicht so schnell, daß sich einer verbergen könnte
im Wald des Vergessens. Gut zu sehen war
15 Das nackte Vorstadthaus, die junge Frau
Der Knabe, der auf seinem Rücken saß
Und über seinem Kopf die Peitsche schwang.
Sehr gut erkennbar war er selbst
Vierbeinig auf dem Grasplatz, das Gesicht
20 Verzerrt von Lachen, weil der Photograph
Hinter der Hecke stand, das Auge der Welt.

Marie Luise Kaschnitz

Text 2

"Reue? – Ich habe nur meinen Befehl ausgeführt"
(Vernon Scott)

Hollywood. US-General a.D. Paul Tibbets saß vor dem Fernsehapparat. Auf dem Bildschirm wurde die Zerstörung einer Stadt gezeigt: Hiroshima. Paul Tibbets' Kommentar: "Ich würde es wieder tun. Ich müßte heucheln, wenn ich behauptete, ich empfände so etwas wie Reue! Ich habe nur einen Befehl von höherer Stelle ausgeführt."
Diese Stelle war zunächst der amerikanische Präsident Franklin D. Roosevelt. Er gab seine Zustimmung zu dem Unternehmen, starb aber, bevor es ausgeführt werden konnte. Sein Nachfolger, Harry Truman, erließ dann den endgültigen Befehl, Atombomben gegen Japan einzusetzen. Bei der Suche nach einem geeigneten Piloten fiel die Wahl auf den damals 28-jährigen Oberstleutnant Tibbets. Er war als besonders zuverlässig bekannt. Aufgewachsen im Mittleren Westen, Absolvent einer Militärakademie, ein Mann von Charakter: Intelligent, religiös, zurückhaltend, aber gerade heraus, wenn es sein mußte ...
Während der 60er und 70er Jahre wurden viele Stimmen laut, die die Wissenschaftler, die die Atombomben entwickelten, Truman und das amerikanische Militär, die sie in Japan einsetzten, heftig kritisierten. Über Tibbets wurde gemunkelt, sein schlechtes Gewissen quäle ihn, er sei ein gebrochener Mann. Aber dem ist nicht so. Paul Tibbets ist ein erfolgreicher Chef eines Luftcharterunternehmens ...
Tibbets: "Im Hiroshima hat es schätzungsweise 20 000, höchstens 100 000 Tote gegeben. Bei einer Invasion hätten nach militärischen Voraussagen schon während der ersten 24 Stunden allein 100 000 amerikanische Soldaten ihr Leben lassen müssen. Wer mich heute kritisiert, der vergißt, daß wir im Krieg gegen einen unerbittlichen Feind lagen."

Text 3

"Ein neuer Krieg?"
(E. Hintz-Voutarow)

Er wird dich treffen mit der Riesenpranke,
die sich bis in den letzten Winkel schiebt,
vor deren Grausamkeit es keine Schranke,
kein' Unterschlupf und keine Rettung gibt.
5 Er wird in einem Meer von Flammenmassen,
das brodelnd über dir zusammenfällt,
nichts mehr von deiner Heimat übrig lassen
als Schutt und Rauch – ein totes Aschenfeld.

Der Friede aber wird dein Leben schützen
10 wie eine gute, liebe starke Hand,
und du wirst Sonne, Brot und Spiel besitzen
in einem zukunftshellen Vaterland.
Und diese Losung – Sterben oder Leben,
Tod und Verwüstung – oder Glück und Ruh'
15 sind, Menschheit, dir jetzt in die Hand gegeben.
Nun wähle du!

Der Abwurf der Atombomben auf Hiroshima am 6. August 1945 und einer zweiten auf die Stadt Nagasaki zwang Japan zum Aufgeben, zur Kapitulation. Am 2. September 1945 war der Krieg auch im Fernen Osten beendet.

Arbeitsaufträge zu **"Hiroshima"** (Text 1)

1. a) In der ersten Strophe des Gedichts nennt die Dichterin drei denkbare Verhaltensweisen des Bomberpiloten. Schreibe sie in drei Sätzen auf.   **3 P**

   b) Die erste, dritte und fünfte Zeile der 1. Strophe beginnt monoton immer gleich. Begründe, mit welcher Absicht dies so geschrieben wurde.   **2 P**

   c) In der zweiten Strophe gibt es einige Begriffe, die als Symbol für eine Idylle, eine heile, frohe Welt stehen.
Nenne zwei davon.   **2 P**

   d) Die Idylle trügt. An drei weiteren Stellen macht Marie Luise Kaschnitz diese scheinbar heile Welt wieder kaputt, bedroht sie.
Zitiere diese Stellen und erläutere in einigen Sätzen die Symbolhaftigkeit der Begriffe.   **3 P**

Arbeitsaufträge zu **"Reue? – ..."** (Text 2)

2. a) Notiere in Stichworten, was Du über den Privatmann Paul Tibbets erfährst.   **2 P**

   b) Lies die Aussage am Schluß des Zeitungsberichtes noch einmal. Erläutere mit eigenen Worten, inwieweit der frühere Pilot seine Handlunsweise rechtfertigt.   **3 P**

Arbeitsaufträge zu **"Ein neuer Krieg?"** (Text 3)

3. a) Begriffe aus der 1. Strophe:
Riesenpranke – Grausamkeit; Flammenmassen – Aschenfeld

   Begriffe aus der 2. Strophe:
Friede – Leben – Glück
Der Dichter wählt diese Worte nicht zufällig. Begründe knapp, was er zum Ausdruck bringen will.   **3 P**

   b) Zitiere die beiden Stellen, wo deutlich gemacht werden soll, daß einem neuen Krieg niemand entrinnen kann.   **2 P**

   c) In der 2. Strophe heißt es:
"... du wirst Sonne, Brot und Spiele besitzen".
Diese Worte stehen für drei wichtige Bereiche in einem Leben in Frieden.
Erläutere.   **3 P**

4. Die Frage nach der Schuld beim Einsatz der ersten Atombombe in Hiroshima ist sehr schwierig. Nimm Stellung dazu, wer Deiner Meinung nach Schuld auf sich geladen haben könnte und begründe Deinen Standpunkt.   **5 P**

Punkte   **28**

Der Sieger
(Erich Junge)

Vielleicht hatte er erwartet, als er uns jetzt herausfordernd der Reihe nach anblickte, daß wir über seine Niederlage in lauten Jubel ausbrechen würden? – Aber wir taten ihm den Gefallen nicht; wir hatten uns alle in der Gewalt, denn es war gefährlich, ihn zu reizen.

Wir mochten ihn nicht, diesen Kraftprotz, der, wenn er einmal den Mund aufmachte, was höchst
5 selten geschah, von nichts anderem sprach als von seinen Kräften, vom Expanderziehen, Gewichtheben, Ringen und Boxen.

Diese Niederlage hatte er verdient, und es gab wohl keinen unter uns, der sie ihm nicht von Herzen gönnte.

Es herrschte eine Art Spannung, die jeder spürte, und die doch jeder zu ignorieren versuchte,
10 und von der man nicht wußte, wie sie sich lösen würde; aber es war klar, daß dies hier nur der Anfang war, dazu kannten wir ihn zu genau. Wir hatten vor allem etwas Angst um Bert, der so unbeschwert glücklich war, weil er den Fünfkampf gewonnen hatte und an nichts anderes mehr denken konnte.

Erst als Dr. Brenner vom unteren Ende des Platzes heraufkam (er hatte sich von dem letzten,
15 entscheidenden Wurf Berts persönlich überzeugt), wirkten alle ein bißchen gelöster.

"Großartig", sagte er, "Riedel, das haben Sie großartig gemacht", und er schüttelte Bert die Hand.

Und dann gingen wir alle hin und schüttelten ihm die Hand, klopften ihm auf die Schulter und sagten "prima" oder "fabelhaft hast du das hingekriegt, alter Junge", wie man das so sagt mit
20 siebzehn, achtzehn.

"Dannwitz", sagte Dr. Brenner, "gehen Sie hin und gratulieren Sie ihm!"

Dannwitz blieb stehen und rührte sich nicht, den kräftigen, muskulösen Oberkörper nach vorn geneigt, mit unruhig hin und her pendelnden Armen stand er da und rührte sich nicht, tat keinen Schritt, und als Bert von sich aus auf ihn zuging, drehte er sich um, zeigte sein breites Kreuz
25 und zog sich umständlich die Trainingsjacke über den Kopf.

Vielleicht hatte der Lehrer es nicht bemerkt; er tat jedenfalls so, zog den Notizblock hervor und rechnete die Punkte noch einmal zusammen. Außerdem hatte er es eilig, er mußte die Siegerurkunden ausschreiben, denn heute abend war Schulfest, und da sollten sie verteilt werden.

30 Wir hatten geduscht und fühlten uns wunderbar erfrischt und dachten im Augenblick an nichts anderes mehr als an den kommenden Abend. Wir gingen über den sonnenbeschienenen Platz, hatten die Trainingsblusen über dem Arm, und Bert ging in der Mitte, zwischen Bruno und mir.

"Wie hast du das nur gemacht?" fragte Bruno.

"Es war Technik", sagte Bert, "ich habe viel geübt, und vor allem habe ich mir genau angesehen,
35 wie es die Diskus- und Speerwerfer machen. Jeder von euch kann das ebensogut."

"Na, na", sagte Bruno, "und Dannwitz, hast du den gesehen?"

"Er ist viel stärker als ich", sagte Bert, "aber er macht es eben nur mit der rohen Kraft, wenn der noch die richtige Technik beherrschte, wäre er nicht zu schlagen."

Die Straßen waren kühl und mittagsleer, aber wir gingen am Rande der Stadt entlang zum Fluß
40 hinunter, den Weg, der von Büschen und einem hüfthohen Zaun umsäumt war und über den Ameisen und blitzende kleine Käfer liefen.

Wir hatten es gar nicht bemerkt, daß er uns gefolgt war, denn wir sprachen über den Abend und über das Fest und über das Mädchen, das jeder von uns eingeladen hatte.

Mit einemmal war er plötzlich da. Sein Schatten lag breit und gefährlich vor unseren Füßen.

45 Wir standen wie auf Kommando still. Sein Atem ging keuchend, und wir froren, als wir ihm ins Gesicht sahen.

Der Weg lief hier in eine Wiese hinein, durch die ein kleines Gewässer plätschernd zum Fluß hinunterglitt. Eine Ziege lag in der Wiese, starr wie ein weißer Fleck.

Bert hatte gerade gesagt: "Sie hat mir versprochen, daß sie kommt."

50 Dannwitz' Adamsapfel ging auf und nieder; sein Gesicht war schweißnaß, und die Haare hingen ihm wie Fransen in die Stirn.

"Ihr seid doch drei", sagte er kaum hörbar, "kommt, ihr seid doch drei ...".

Niemand antwortete.

Nach einer Weile sagte Bert: "Geht man, geht nach Hause, ich will nicht, daß ihr da
55 hineingezogen werdet." Er schob uns zur Seite und stellte sich mit hängenden Armen hin.
"Nun fang an", sagte er flüsternd. "Ich wehre mich nicht einmal, ich weiß, daß es keinen Zweck
hat, mich zu wehren, also, fang an ..."

Die Glocken der Michaeliskirche läuteten plötzlich über den Mittag hin. Die Ziege erhob sich
träge und kam langsam an den Weg heran.

60 Dannwitz stand da, mit geballten Fäusten und einem flackernden Licht in den Augen, das aber
langsam erlosch. Sein Unterkiefer fiel herab, was seinem Gesicht einen merkwürdig hilflosen
Ausdruck verlieh, seine breiten Schultern sackten zusammen, die Fäuste lösten sich, und
wahrhaftig, er weinte.

Wir sahen es fassungslos.

65 Und dann, so plötzlich, wie er gekommen war, drehte er sich auf dem Absatz herum und trabte
davon mit schwankenden Schritten, wie ein großer, verwundeter Bär.

"Er hat geweint", sagte ich zu Hause bei Tisch. "Nie hätten wir so etwas für möglich gehalten."
"Seit wann ist er bei euch?" frage mein Vater.
"Ich glaube, seit anderthalb Jahren, aber wir mochten ihn nicht, von Anfang an mochten wir
70 ihn nicht, ganz besonders nicht, als er anfing, seine Kräfte auszuspielen."
"Womit hätte er euch sonst imponieren sollen?"
"Imponieren?"
"Na ja, was sonst", sagte mein Vater. "Ihr seid doch eine Clique, nicht wahr? Ihr kennt euch
seit zehn und mehr Jahren. Er kam dazu, ein Fremder, der neu war, ist es nicht so?" Ich schwieg.

75 Es war Abend, und der Abend war mild und weich. Sie hatten bunte Lampions aufgehängt, die
Musiker waren schon da, und ich freute mich auf jeden und auf alles.

Und da sah ich ihn stehen, er stand unter den Buchen, nicht vom Licht des Festplatzes getroffen,
er stand da, wesenlos, wie ein Schatten, und ich erkannte nur die Konturen seines Gesichtes.
Ich ging schweigend an ihm vorbei, aber mein Herz schlug mir im Halse. Hatte ich etwa Angst?
80 Nein, Angst war es nicht, was mir die Kehle schnürte.

Bert rief mich an. "Die Mädchen sind da", sagte er. Die anderen kamen hinzu, der Kreis war
geschlossen. Ich blickte verstohlen zu den dunklen Buchen hin.

Ich ging fort und setzte mich an einen Tisch, über dem ein roter Mond baumelte. Ich stieß den
Mond mit dem Finger an, und er schaukelte hin und her.

85 "Was ist?" fragte Bert, und er setzte sich neben mich.
Ich zuckte mit den Schultern. – "Er steht da", sagte ich nach einer Weile und wies mit dem Kopf
in die Richtung der Buchen. "Du kannst seinen Schatten sehen, mehr nicht, er steht da, als ob
er nicht zu uns gehörte."

Wir schwiegen beide. Der Mond über uns schwang hin und her.

90 "Ich würde es versuchen", sagte ich dann, "aber ich kann es nicht, deinetwegen."
"Was willst du, daß ich tun soll?"
"Hör zu, Bert, wir haben ihm niemals eine Chance gegeben, niemals, ich glaube, das ist es!"
"Gut", sagte Bert und stand auf.
"Falls du es vergessen haben solltest!" rief ich ihm nach, "er heißt Werner!"

95 Ich weiß nicht, was sie miteinander gesprochen haben, ich will es auch nicht wissen. Aber sie
kamen zusammen zwischen den Bäumen hervor, lässig gingen sie nebeneinander, als sei es
schon immer so gewesen, und ich dachte, wer von ihnen hat nun eigentlich heute gewonnen.
Der Mond über mir stand still. Ich gab ihm noch einen kräftigen Schubs. Als wir zu dritt den
Festplatz erreichten, begann die Musik zu spielen.

Arbeitsaufträge zu **"Der Sieger"**

1. a) Lies den ersten Satz. Inwiefern ist er typisch für eine Kurzgeschichte? **1 P**
   b) Erfinde eine andere gute Überschrift. **1 P**

2. a) Erkläre drei der folgenden vier im Text verwendeten Wendungen:
   – Zeile 3: "Sich in der Gewalt haben"
   – Zeilen 7/8 "Jemandem etwas von Herzen gönnen"
   – Zeile 66: "Wie ein großer, verwundeter Bär"
   – Zeile 78: "Er stand da, wie ein Schatten"
   Die Stellung der Wendungen im Text hilft Dir. **3 P**
   b) Erkläre die beiden Fremdwörter
   – Zeile 9: "ignorieren"   – Zeile 71: "imponieren"
   Auch hier hilft Dir die Stellung der Begriffe im Text. **2 P**

3. Zitiere zwei Textstellen, die belegen, daß der "Sieger", also Bert, eher ein bescheidener Junge ist. **2 P**

4. Erläutere mit eigenen Worten, wie es Erich Junge gelungen ist, in nur vier Zeilen (Zeilen 44 - 46) eine bedrohliche Situation zu beschreiben. **3 P**

5. Zeilen 79/80: "Hatte ich etwa Angst? Nein, Angst war es nicht, was mir die Kehle schnürte."
   Was war es dann? – Erläutere knapp. **3 P**

6. Stelle eine Verbindung her zwischen der Aussage des Vaters (Zeilen 71 - 74) und der Tatsache, daß der Kreis geschlossen war, als alle da waren. (Zeilen 81/82). **2 P**

7. Zum Schluß der Geschichte kommt es zu einem Gespräch zwischen Werner Dannwitz und Bert Riedel.
   Schreibe in wörtlicher Rede diesen Dialog so auf, wie er vielleicht stattgefunden hat. **6 P**

8. Ein(e) 'Neue(r)' kommt in Deine Klasse. Nicht jeder gibt an, wenn er neu ist!
   a) Wie könnte sein bzw. ihr Auftreten auch sein? Beschreibe knapp. **2 P**
   b) "Eine Chance geben!" Erläutere, wie dies in diesem Zusammenhang aussehen könnte. **3 P**

   _____

   Punkte **28**

Das Brot
(Wolfgang Borchert)

Plötzlich wachte sie auf. Es war halb drei. Sie überlegte, warum sie aufgewacht war. Ach so! In der Küche hatte jemand gegen einen Stuhl gestoßen. Sie horchte nach der Küche. Es war still. Es war zu still und als sie mit der Hand über das Bett neben sich fuhr, fand sie es leer. Das war es, was es so besonders still gemacht hatte: sein Atem fehlte. Sie stand auf und tappte durch die
5 dunkle Wohnung zur Küche. In der Küche trafen sie sich. Die Uhr war halb drei. Sie sah etwas Weißes am Küchenschrank stehen. Sie machte Licht. Sie standen sich im Hemd gegenüber. Nachts. Um halb drei. In der Küche.

Auf dem Küchentisch stand der Brotteller. Sie sah, daß er sich Brot abgeschnitten hatte. Das Messer lag noch neben dem Teller. Und auf der Decke lagen Brotkrümel. Wenn sie abends zu
10 Bett gingen, machte sie immer das Tischtuch sauber. Jeden Abend. Aber nun lagen Krümel auf dem Tuch. Und das Messer lag da. Sie fühlte, wie die Kälte der Fliesen langsam in ihr hochkroch. Und sie sah von dem Teller weg.

"Ich dachte, hier wär was", sagte er und sah in der Küche umher.

"Ich habe auch was gehört", antwortete sie und dabei fand sie, daß er nachts im Hemd doch
15 schon recht alt aussah. So alt wie er war. Dreiundsechzig. Tagsüber sah er manchmal jünger aus. Sie sieht doch schon alt aus, dachte er, im Hemd sieht sie doch ziemlich alt aus. Aber das liegt vielleicht an den Haaren. Bei den Frauen liegt das nachts immer an den Haaren. Die machen dann auf einmal so alt.

"Du hättest Schuhe anziehen sollen. So barfuß auf den kalten Fliesen. Du erkältest dich noch."
20 Sie sah ihn nicht an, weil sie nicht ertragen konnte, daß er log. Daß er log, nachdem sie neununddreißig Jahre verheiratet waren.

"Ich dachte, hier wäre was", sagte er noch einmal und sah wieder so sinnlos von einer Ecke in die andere, "ich hörte hier was. Da dachte ich, hier wäre was." "Ich hab auch was gehört. Aber es war wohl nichts." Sie stellte den Teller vom Tisch und schnippte die Krümel von der Decke.
25 "Nein, es war wohl nichts", echote er unsicher.

Sie kam ihm zu Hilfe: "Komm man. Das war wohl draußen. Komm man zu Bett. Du erkältest dich noch. Auf den kalten Fliesen."

Er sah zum Fenster hin. "Ja, das muß wohl draußen gewesen sein. Ich dachte, es wäre hier." Sie hob die Hand zum Lichtschalter. Ich muß das Licht jetzt ausmachen, sonst muß ich nach
30 dem Teller sehen, dachte sie. Ich darf doch nicht nach dem Teller sehen. "Komm man", sagte sie und machte das Licht aus, "das war wohl draußen. Die Dachrinne schlägt immer bei Wind gegen die Wand. Es war sicher die Dachrinne. Bei Wind klappert sie immer."

Sie tappten sich beide über den dunklen Korridor zum Schlafzimmer. Ihre nackten Füße platschten auf den Fußboden.
35 "Wind ist ja", meinte er. "Wind war schon die ganze Nacht."

Als sie im Bett lagen, sagte sie: "Ja, Wind war schon die ganze Nacht. Es war wohl die Dachrinne."

"Ja, ich dachte, es wäre in der Küche. Es war wohl die Dachrinne." Er sagte das, als ob er schon halb im Schlaf wäre.
40 Aber sie merkte, wie unecht seine Stimme klang, wenn er log.

"Es ist kalt", sagte sie und gähnte leise, "ich krieche unter die Decke. Gute Nacht."

"Nacht", antwortete er und noch: "ja, kalt ist es schon ganz schön."

Dann war er still. Nach vielen Minuten hörte sie, daß er leise und vorsichtig kaute. Sie atmete absichtlich tief und gleichmäßig, damit er nicht merken sollte, daß sie noch wach war. Aber sein
45 Kauen war so regelmäßig, daß sie davon langsam einschlief.

Als er am nächsten Abend nach Hause kam, schob sie ihm vier Scheiben Brot hin. Sonst hatte er immer nur drei essen können.

"Du kannst ruhig vier essen", sagte sie und ging von der Lampe weg. "Ich kann dieses Brot nicht so recht vertragen. Iß du man eine mehr. Ich vertrag es nicht so gut."
50 Sie sah, wie er sich tief über den Teller beugte. Er sah nicht auf. In diesem Augenblick tat er ihr leid.

"Du kannst doch nicht nur zwei Scheiben essen", sagte er auf seinen Teller.

"Doch. Abends vertrag ist das Brot nicht gut. Iß man. Iß man."

Erst nach einer Weile setzte sie sich unter die Lampe an den Tisch.

Arbeitsaufträge zu **"Das Brot"**

1. Erkläre knapp, inwiefern der Beginn und das Ende für eine Kurzgeschichte typisch sind. **2 P**

2. Formuliere so knapp wie möglich den dargestellten Vorgang und zwar so, daß ein inhaltliches Mißverständnis ausgeschlossen ist. (Umfang ca. 1/2 Seite) **4 P**

3. a) Zeilen 13; 22; 23: "Ich dachte, hier wär was."
   Begründe, warum Borchert den Mann diesen Satz immer wieder sagen läßt. **2 P**
   b) Zitiere 2 Stellen, wo einer der beiden absichtlich lügt. **2 P**

4. Beschreibe in je einem Satz, welches Grundgefühl im Mann bzw. in der Frau vorherrscht, als sie sich in der Küche gegenüberstehen. **2 P**

5. Versuche in einigen Sätzen die Gedanken auszudrücken, die die Frau hat, als der Mann beginnt, seine vier Scheiben Brot zu essen (Vergleiche Zeile 50). **2 P**

6. a) Begründe, warum die Frau "von der Lampe weggeht" (Zeile 48), als sie ihrem Mann sagt, daß er ruhig vier Scheiben Brot essen kann. **2 P**
   b) Ganz zum Schluß der Geschichte setzt sich die Frau wieder unter die Lampe. Warum? **2 P**

7. Wolfang Borchert macht sich immer wieder die Sichtweise der Frau zu eigen. Zeilen 29/30: "Sie hob die Hand zum Lichtschalter. I c h muß das Licht jetzt ausmachen ... I c h darf doch nicht nach dem Teller sehen ..."
   Notiere in einigen Sätzen, warum Borchert dieses Mittel einsetzt und welche Absicht er dabei verfolgen könnte. **3 P**

8. Heinrich Böll hat diese Kurzgeschichte einmal als "Protokoll des Augenzeugen einer Hungersnot" bezeichnet.
   Auch heute gibt es viel Hunger in verschiedenen Regionen der Welt.
   Schreibe für eine Schülerzeitung einen Artikel mit der Überschrift "Wir dürfen die Hungernden der Welt nicht vergessen" (Umfang ca. 1 Seite). **7 P**

   _____

   Punkte **28**

Mensch Jörg, es war schön
(Hans-Georg Noack)

Wer sich einbildet, eine Klasse bestünde aus lauter Freundinnen und Freunden, der muß ein verdammt schlechtes Gedächtnis haben. Seien wir doch ehrlich. Von den siebenundzwanzig anderen in unserer Klasse mag ich vier oder fünf ganz gern, die meisten sind mir völlig gleichgültig, und ein paar kann ich von ganzem Herzen nicht ausstehen. Warum auch

5 Freundschaft? Nur weil wir jetzt schon so lange in derselben Klasse hocken? Werden Menschen zu Freunden, weil sie sich lange kennen und immer genauer kennenlernen? Kann's nicht auch anders herum sein?

Freundschaft! Einen Freund hatte ich in dieser Klasse. Ein paar Kumpels, ja, aber nur einen Freund. Ich habe lange nicht mehr an diese Freundschaft gedacht ... Ich drehe den Kopf zur

10 Seite. Schräg hinter mir sitzt Jörg, und er sieht auch gerade zu mir her, aber das ist nur ein Zufall, und er schaut auch gleich wieder weg.

Schon im vierten Jahr waren wir in dieser Klasse, und wir waren einander herzlich gleichgültig; wir kamen ganz gut miteinander aus, hatten keinen Streit, das war aber auch alles. Wie wir eigentlich Freunde geworden sind? Ich weiß es nicht. Wirklich nicht. Eines Tages kamst du in

15 der Pause zu mir und fragtest so schüchtern, als müßtest du vor allen anderen ein Mädchen ansprechen: "Du, Bernd, kommst du morgen zu meinem Geburtstag?" Ich hätte einfach nein sagen können, oder meinetwegen auch ja, aber ich habe gesagt: "Gern. Wenn du nächste Woche auch zu meinem kommst." Und du hast richtig froh gelächelt und gesagt: "Auch gern."

Ich glaube, damit hat es angefangen, damals. Und dann, Mensch Jörg, es war schön! Wenn mich

20 etwas gefreut hat, irgend etwas, dann wäre ich am liebsten immer gleich losgelaufen, um es dir zu erzählen. Und wenn mich etwas geärgert hat, dann war's nicht mehr so schlimm, wenn ich mit dir darüber gesprochen hatte. Und ich weiß, dir ging es ebenso. Mit dir bin ich ins Kino gegangen, auch wenn ich den Film gar nicht mochte. Du hast dir meine Schallplatten angehört, obwohl du dir aus Musik gar nichts machst. Und wir wußten einfach alles voneinander. Da gab's

25 keine Heimlichkeiten und keine Peinlichkeiten. Unser Taschengeld haben wir zusammengeworfen. Uns konnte nichts auseinanderbringen, da waren wir beide völlig sicher.

Einmal hab ich mir Sorgen gemacht. Eigentlich, fand ich, war es nicht nur Freundschaft; es war eher das, was ich mir unter Liebe vorstellte. Ein paar Tage fürchtete ich, mit mir sei irgend etwas nicht ganz in Ordnung, weißt du, aber das war Unsinn. Wir waren Freunde, mehr nicht, aber

30 ganz gewiß auch nicht weniger.

Bis in die Neunte. Genauer: bis zu den Sommerferien. Eigentlich hatten wir uns vorgenommen, gemeinsam wegzufahren, aber es klappte nicht, seltsamerweise waren alle vier Eltern nicht einverstanden, wollten uns unbedingt mit in ihren langweiligen Urlaub nehmen. Du fuhrst mit deinen Eltern nach Italien, ich mit meinen ans Meer. Aber wir haben uns Karten geschrieben,

35 ziemlich oft sogar, wenn man bedenkt, welche Überwindung uns beide das Schreiben kostete. Und dann waren die Ferien vorbei, wir waren wieder beisammen, und es muß am zweiten oder dritten Tag danach gewesen sein, da habe ich mittags gefragt: "Heute nachmittag, wie immer?" Und du hast den Kopf geschüttelt und geantwortet: "Geht nicht, Bernd. Ich muß was für meinen Vater erledigen." Am Nachmittag bin ich in die Eisdiele am Markt gegangen, und da hab ich

40 dich gesehen. Am Tisch ganz hinten links hast du gesessen. Mit einem Mädchen. Ich kannte es nicht, aber ich fand es auch ganz niedlich, fast so niedlich wie das Mädchen, das ich am Meer kennengelernt hatte, das aber nicht in unserer Stadt wohnte. Ich habe kehrtgemacht und bin wieder gegangen. Du hattest mich gar nicht gesehen. Und am nächsten Morgen habe ich dich gefragt: "Was hattest du denn gestern vor?" Vom Büro deines Vaters hast du mir etwas erzählt.

45 Kein Wort von der Eisdiele und dem Mädchen. Kein Wort!

Damit war's aus. Ich hab nichts gesagt. Wir haben uns auch weiter getroffen, aber immer seltener und seltener, und schließlich war es wieder so wie früher. Wir kamen ganz gut miteinander aus, mehr nicht. Ich wußte nichts mehr von dir, und ich habe dir nichts mehr von mir erzählt. Wie mich das damals mitgenommen hat, davon hast du nichts gemerkt. Für mich

50 warst du ein Verräter geworden, kein Freund mehr. Freundschaft – ewig, fest und schön! Vielleicht hat es mir damals wirklich zuviel ausgemacht. Und vielleicht waren meine Vorwürfe nicht berechtigt, weil sie sich nur gegen dich richteten, gar nicht gegen mich. Es muß doch einen

Grund gehabt haben, daß du plötzlich glaubtest, etwas vor mir verheimlichen zu müssen. Hast du eines Tages das Gefühl gehabt, du müßtest unsere Freundschaft gegen deine Freiheit
55 eintauschen? War die Freundschaft so ausschließlich, daß sie dir nicht mehr genug Raum für deine Freiheit ließ? Und für meine auch nicht? Muß man sich vielleicht in unserem Alter immer wieder trennen, wenn man weiterkommen will?

Arbeitsaufträge zu **"Mensch Jörg, es war schön"**

1. Hans-Georg Noack sagte einmal: "Ein Buch kann nicht gut sein, wenn der jugendliche Leser nach der Lektüre nicht ein wenig klüger, ein wenig besser oder ein wenig nachdenklicher geworden ist."

   Hat Dich die Geschichte ein wenig klüger und/oder ein wenig besser und/oder ein wenig nachdenklicher gemacht? Entscheide und begründe. **3 P**

2. a) "Geteilte Freude ist doppelte Freude!"

   Zitiere die Textstelle, wo diese Aussage als echtes Zeichen von guter Freundschaft deutlich wird. **1 P**

   b) Erläutere, wie die Aussage zu verstehen ist, daß Menschen nicht automatisch zu Freunden werden, wenn sie sich lange kennen, sondern das Gegenteil der Fall sein kann. (Vergleiche Zeilen 6/7) **3 P**

3. a) "... und da habe ich dich gesehen... Mit einem Mädchen..." (Vergleiche Zeile 39/40).
   Erläutere in einigen Sätzen, was in diesem Augenblick in Bernd vorgegangen sein könnte. Beginne so: "Das darf doch nicht wahr sein. Ich ..." **4 P**

   b) Jörg leugnet das Treffen mit dem Mädchen, weicht aus, sucht nach Ausreden, lügt ...
   Wie beurteilst Du sein Verhalten? **3 P**

   c) Nach Bernds Frage "Was hattest Du denn gestern vor?" hätte die Geschichte auch einen ganz anderen Verlauf nehmen können. Setze die Geschichte fort. (Umfang ca. 1/2 Seite) **5 P**

4. Gegen Schluß der Geschichte wird in zwei Fragen Freundschaft und Freiheit gegenübergestellt.

   Schreibe einen Brief aus der Sicht von Jörg an Bernd, der diese beiden Fragen beantwortet und sein Verhalten erklärt. (Umfang ca. 1/2 Seite) **5 P**

5. Erläutere einen Vorfall, der Deiner Meinung nach eine gute Freundschaft echt gefährden könnte. **4 P**

Punkte	**28**

Textquellenverzeichnis

Aichinger, Ilse: Fenster-Theater, in: Der Gefesselte. Erzählungen, Frankfurt/Main 1954

Böll, Heinrich: Anekdote zur Senkung der Arbeitsmoral, in: Lesebuch 9, Ehrenwirth-Verlag, München

Borchert, Wolfgang: Das Brot, in: Das Gesamtwerk, Hamburg 1977

De Cesco, Federica: Freundschaft hat viele Gesichter, Luzern und Stuttgart 1986 (gekürzte Fassung)

Jerry Cotton, Wir stoppten den Bandenkrieg, (Romanausschnitt), Bastei-Roman Bd 50

Fontane, Theodor: Mittag, in: Werner Gratzer, u.a., Lernplanung Deutsch 7, Regensburg 1989

Gaiser, Gerd: Der Mann, den ich erlegt hatte, in: Einmal und oft, München 1956

Hintz-Voutarow, E.: Ein neuer Krieg, in: Karl Fiedrich Roth, Frieden, Donauwörth 1975

Hochmuth, Karl: Die Dame mit dem Strohhut, in: Auer Lesebuch 8. Jgst., Donauwörth 1986

Junge, Erich: Der Sieger, in: Westermann Monatshefte 5/58, Braunschweig, S. 89

Kaschnitz, Marie Luise: Hiroshima, in: Neue Gedichte, Hamburg 1957

Keßler, Linus: Lautlos, in: Werner Gratzer, u.a., Lernplanung Deutsch 7, Regensburg 1989

Krolow, Karl: Sonntagvormittag, in: Wener Gratzer u.a., Lernplanung Deutsch 7, Regensburg 1989

Marwig, Detlef: Rein äußerlich, in: Schrauben haben Rechtsgewinde, Düsseldorf 1981

Noack, Hans-Georg: Mensch Jörg, es war schön, in: H-G. Noack, Die Abschlußfeier, Ravensburg 1977

Noack, Hans-Georg: Rolltreppe abwärts, (Auszug) Ravensburg 1974

Piontek, Heinz: Mit einem schwarzen Wagen, in: Wintertage - Sommernächte, Gesammelte Erzählungen, München 1977

Scott, Vernon: Reue? ... Mittelbayerische Zeitung (dpa)

Trakl, Georg: Sommer, in: Walther Killy und Hans Szklenar (Hrsg.), Dichtungen und Briefe, Salzburg 1969

Tucholsky, Kurt: Augen der Großstadt, in: Gesammelte Werke Bd 3, Reinbek/Hamburg 1960

Unbekannte Verfasser: Morgen beginnt heute, in: Jugendwerk der Dt. Shell (Hrsg.), Leske, Leverkusen 1982

Verschiedene Verfasser: Schön ist es auf der Welt zu sein, in: Wenn nur die Menschen nicht wären, Politische Zeitung Nr. 50/Sept. 1987, Bonn 1987, S. 16 f

Welsh, Renate: Vorbei ist fast nichts, in: Zwischenwände, Jungbrunnen, Wien 1978